PAYSAGE

DIEU, LA NATURE ET L'ART

PAR

M. A. MAZURE

La nature, voile transparent, cache Dieu et le révèle.

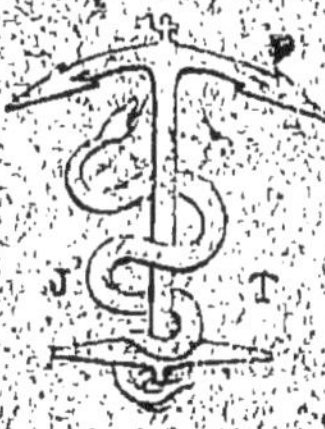

PARIS
JULES TARDIEU, ÉDITEUR
13, RUE DE TOURNON, 13

1858

PAYSAGE

PARIS. — IMP. SIMON RAÇON ET COMP., 1, RUE D'ERFURTH.

PAYSAGE

DIEU, LA NATURE ET L'ART

PAR

M. A. MAZURE

> La nature, voile transparent,
> cache Dieu et le révèle.

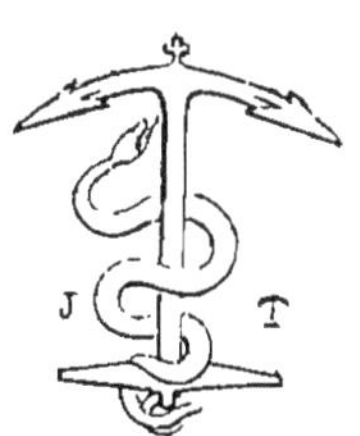

PARIS
JULES TARDIEU, ÉDITEUR
13, RUE DE TOURNON, 13
1858

AVANT-PROPOS

Ce livre est, à vrai dire, une philosophie du paysage. Toute branche des connaissances humaines a sa philosophie, dans le sens le meilleur de ce mot, sa haute sagesse ; l'art a aussi la sienne.

La nature réfléchit les perfections divines ; elle est le paysage de Dieu, comme l'œuvre du peintre est le paysage de l'homme. Quels sont les rapports qui unissent l'un et l'autre et à quel degré l'art s'inspire-t-il de la nature ? C'est une question vive dont l'esthétique, qui est la philosophie de l'art, a pour mission de se préoccuper.

Pour qui veut goûter et comprendre l'un et l'autre paysage, il existe, au-dessus des règles pratiques, une sagesse sans laquelle l'art, en reproduisant la nature, ne saurait manifester la pensée qu'elle recèle. Les doctrines sont bien tranchées en ce qui concerne la nature; il y a trois manières de l'envisager philosophiquement, et cela est aujourd'hui bien clair : en elle le réalisme voit la chose, le panthéisme voit l'être, le sage voit Dieu.

Parmi des travaux fort divers qui ont rempli une vie d'ailleurs très-occupée, j'ai aimé à poursuivre l'accord du spiritualisme avec les grandes choses qui ont occupé l'esprit humain à toutes les époques. J'ai cherché à établir ce point de vue, en matière d'art, dans un ouvrage déjà ancien [1]. Ici, rentré dans un ordre analogue de considérations, je voudrais, cherchant Dieu et l'homme dans l'univers visible, montrer que les spectacles étalés par le

[1] Voir page 262.

paysage divin, et ceux aussi que nous offrent les ouvrages des peintres, ont leur signification la plus haute dans le sentiment de la nature, rehaussé des idées morales que cette nature couvre sous son voile.

Ceux qui aiment à prendre l'art à sa source, à le ramener à sa hauteur, à l'agrandir par l'idéal, accueilleront ce travail avec quelque curiosité; ils sauront peut-être gré à l'auteur d'avoir parlé avec amour des beautés pittoresques, telles qu'elles se rencontrent dans l'art et dans la nature. Sans être le principal soin de l'existence, ce genre de spéculation ne laisse pas que d'apporter à un grand nombre des douceurs inconnues; et souvent il arrive qu'après avoir jeté ses rayons dorés sur une vie troublée, l'art, ainsi cultivé, a bien encore en réserve quelques reflets chauds et vifs qu'il aime à répandre jusque sur le seuil de l'âge sombre qui s'avance.

A. M.

PAYSAGE

CHAPITRE PREMIER

LE PAYSAGE DE DIEU

I

C'est une grande chose que le paysage de Dieu, dans cette nature qui est son œuvre. Il est beau aussi, le paysage du peintre, qui reproduit celui de Dieu. Un homme a broyé des couleurs, et il a fixé sur la toile la terre qu'il habite, le ciel qui environne cette terre, le fleuve qui la parcourt, la verdure qui la couvre et les fleurs qui l'émaillent, l'animal qui la peuple, l'homme qui en est le roi. L'artiste a fait ces merveilles, et certes sa puissance est grande. Non content d'avoir su représenter l'homme dans sa réalité plastique, dans sa beauté sublime, telle que l'avait conçue l'antiquité, *os homini sublime dedit*, le génie de la peinture a évoqué autour de l'homme la nature entière ; il l'a placé dans le milieu qui lui appartient, au sein de cette même nature qu'il vivifie par sa présence, qu'il féconde par son industrie, qu'il renouvelle par sa volonté.

Qu'il y ait réellement un paysage de Dieu ; que la nature, indépendamment des besoins matériels de l'homme, soit prédisposée, arrangée pour reproduire une image de Dieu, un reflet de sa gloire, une ombre de sa pensée, c'est ce qu'il est difficile de ne pas reconnaître, sitôt qu'ouvrant les yeux sur cet univers on y voit à chaque pas les vestiges du plan du Créateur et les témoignages de sa providence.

En faisant l'homme le roi de la nature, en lui donnant le sentiment avec l'intelligence de la beauté, Dieu traitait magnifiquement sa créature privilégiée ; il lui donnait de comprendre, de reconnaître dans cette nature le vêtement divin du maître qui l'avait créée. C'est pourquoi le monde matériel a reçu un double emploi : il doit charmer l'existence de l'homme et le fixer par la beauté, en même temps que chaque objet de cette même nature, accomplissant sa destination la moins haute, le revêt, l'abrite ou le nourrit.

Que de choses ne servent à nos besoins que d'une manière indirecte et ont pour objet particulier de donner à la nature la beauté pittoresque, la grâce ou la majesté ! C'est pour cela que l'éternel architecte a étendu sous les regards le grand espace, et semé la lumière dans l'immensité; pour cela, il a ouvert des ciels sans bornes et de libres horizons ; pour cela enfin il a revêtu le soleil de gloire et lui a commandé d'entretenir toute vie, de réchauffer les corps, de mûrir les fruits, de prodiguer sa clarté, d'allumer les riches couleurs dont la nature se couvre et resplendit. C'est aussi dans l'intérêt de sa gloire que, sur la surface même de la terre, Dieu a placé tant de splendeur à côté de tant d'utilité. Les vastes champs de blé qui s'étendent en nappes verdoyantes et bruissent au souffle du vent; les fruits de pourpre et d'or qui se montrent sous le vert feuillage; les collines qui s'élèvent ou s'abaissent en contours harmonieux, en hauteurs abruptes; les arbres qui s'élèvent; les fleurs qui luisent et parfument; enfin, cette nature entière qui s'élève et chante son hymne : voilà le paysage de Dieu, un reflet de la beauté divine apparaissant au milieu des objets plus ou moins utiles qu'il rehausse et qu'il glorifie. La source de cette beauté est en dehors de ces objets eux-mêmes; elle est dans ce qui ne se voit pas; car la nature n'est belle qu'autant qu'elle vit et respire, c'est la vie qui fait sa vertu; or la vie est de Dieu, et elle n'est pas, que je pense, un objet qui tombe sous le regard.

II

Souvent même ce sont des objets entièrement inutiles et parfois nuisibles qui concourent à la beauté dans le paysage divin. Que l'on se suppose au milieu d'une nature sublime, sous les glaciers alpestres, dans les cirques des Pyrénées ; aucune idée d'utilité ne saurait naître alors. De quelle utilité sont ces hauteurs désolées, sinon pour l'ours, l'isard ou le contrebandier ? Et l'immense Océan, qu'Horace appelle *dissociabilis*, qui enlève la moitié de notre monde à la culture, à l'habitation de l'homme? Et les déserts de l'Afrique, avec leurs tigres qui dévorent, sont-ils utiles ? Ils sont beaux par le fait même de la terreur qu'ils inspirent, et il n'est pas impossible qu'un voyageur doué d'une âme d'artiste, mourant de soif dans les solitudes, ait eu néanmoins quelque secrète admiration pour la sublimité de ces déserts qui le tuent, une pensée pour cette puissance divine qui a jeté le désert sur la surface terrestre comme un sceau de sa grandeur. Le vaste ciel lui-même n'est pas utile ; un seul soleil aurait suffi pour nous éclairer.

Il faut le dire bien haut : Dieu a fait toutes ces choses, cette germination de l'inutile pour compléter son paysage, c'est-à-dire qu'il a fait cet univers tout entier pour le regard de l'homme. Eh quoi ! pour l'homme, direz-vous, pour cet être d'un jour, recélé dans un imperceptible coin de l'univers, quel orgueil ! A quoi donc sont réduites les causes finales? tant de choses pour un pareil but! — Mais croyez-vous que ce soit peu de chose que ce but, et ne comprenez-vous pas la divine sagesse qui a créé ces merveilles pour exercer les facultés de l'homme, en lui livrant à admirer une ombre de sa gloire? Était-il donc plus difficile à Dieu de créer les mondes qui peuplent l'espace que de commander au néant de produire le brin d'herbe que nous foulons sous nos pieds ?

Inutilité sublime, pleine de sagesse et de providence, que tout ce luxe de la création ! Dieu a étendu les cieux, il a créé des univers infinis ; mais l'homme le sait, il le comprend, il a l'intelligence de cette beauté, de cette grandeur, c'est assez ; par là seulement il était digne que ces prodiges eussent été faits pour lui.

Dieu a donc créé son paysage pour que l'homme pût le comprendre, se répandre en lui, et, par l'aspect des grandeurs du monde, se servant des beautés de la nature comme d'un marche-pied, s'élever naturellement jusqu'à la contemplation de la beauté souveraine, qui n'a ni aurore ni déclin, qui est éternelle, et de laquelle tout émane. Aussi voyons-nous que l'homme seul, dans la nature, la connaît au point de vue de la beauté. L'animal en jouit : comme l'homme, il y trouve sa vie ; mais le sentiment de la beauté qu'elle contient lui est refusé ; il ne s'élève pas, à son égard, au-dessus de l'humble sensation qui le fait vivre. L'oiseau, au haut des airs, chante sa joie d'exister dans cette grande nature ; mais le spectacle en soi, il l'ignore; il ne sait pas que lui-même est, pour sa part, une note charmante dans ce concert, un des traits les plus achevés de ce vivant tableau. L'homme seul admire ; à lui seul a été donné d'interpréter et de comprendre.

C'est pourquoi il ne faut pas craindre de dire que Dieu a son paysage, et que ce luxe de la nature est l'œuvre intelligente de l'*artiste éternel;* ne craignez pas non plus de rabaisser la grandeur divine par ce mot, qui est juste s'il est bien compris. Dieu est artiste, il a son art à lui, puisqu'il a fait sciemment la beauté de l'univers, voulant nous donner quelque aperçu de sa propre beauté dans celle de la création. Et alors, au lieu de vous étonner qu'il ait fait tant de choses pour l'âme humaine, il faut bien plus admirer la grandeur de cette âme, plus grande en effet que toute la nature matérielle, puisque, non contente de concevoir cette beauté et de s'en éprendre, elle pressent que cet univers si beau, cette œuvre de Dieu, n'est qu'un voile qui cache un monde inconnu du vulgaire, et qui pourtant n'est pas si épais, qu'il ne permette aux esprits intelligents de pénétrer au delà et de deviner ou d'apercevoir l'invisible.

CHAPITRE II

LE PAYSAGE DU PEINTRE

I

Ce paysage de Dieu, il n'a pas seulement été ordonné à l'homme de l'admirer, il lui a été permis de l'imiter, de le reproduire par sa création propre. Imiter l'œuvre de Dieu, la reproduire, qu'est-ce à dire, dans quel sens et comment expliquer cette témérité ? Le voici :

Il y a deux manières d'imiter Dieu : d'une part, en se conformant à sa volonté par l'accomplissement du bien ; d'autre part, en élevant à lui son intelligence, en poursuivant avec effort les parcelles de science qu'il nous permet d'acquérir ; ou bien, lorsqu'on essaye de réaliser, par l'art, l'œuvre que Dieu veut qu'on admire et par laquelle il lui a plu de se laisser entrevoir.

C'est la plus haute origine qui puisse être assignée à l'art et à son idéal moral. L'homme imite Dieu dans sa bonté, c'est la vertu, loi pour tous; il imite Dieu dans sa beauté, c'est l'art, loi de quelques-uns seulement. Mais aussi, dans ce champ, quelle différence entre Dieu et l'homme, entre le procédé divin et le procédé humain, entre la puissance absolue par laquelle Dieu commande au néant qui devient l'univers, et la puissance éphémère par laquelle le peintre, en imitant, exerce à son tour sa courte intelligence et produit au jour sa fragile création !

La différence de procédé est grande : Dieu a réalisé sa conception de beauté en créant la nature immédiatement et par sa seule intuition; le peintre aussi, lui, a réalisé la même idée, mais d'une manière médiate et en imitant. Dieu a vu cette beauté en lui-même, et il a créé ce qui existe, assignant à chaque objet celle qui lui est propre, son degré de beauté, selon le rapport plus ou moins élevé de chaque chose avec le modèle suprême. Il n'en saurait être ainsi pour l'artiste. Celui-ci aurait beau interroger son idée, il n'y comprendrait rien, s'il ne la voyait pas exprimée en dehors de lui dans l'œuvre divine ; il ne sait rien produire qu'en passant à travers le moule des choses sensibles. On a coutume de répéter que l'œuvre de l'art est une création ; employez ce mot avec prudence : l'art, à vrai dire, ne saurait être qu'une formation. L'artiste crée avec les éléments qui sont dans la nature, et rien n'est jamais sorti du néant dans l'esprit de l'homme.

Il s'est rencontré des hommes, aux anciennes époques, qui, non contents de sentir la beauté, ont essayé de la reproduire. Épris de cette nature qui éblouissait leurs regards et parlait à leurs cœurs, ils ont entendu la voix qui leur disait d'essayer aussi leur œuvre en imitant celle de Dieu ; ils l'ont fait, et ainsi l'art a été inventé ; c'est l'origine des poëtes, l'origine des peintres. Une pareille tentative n'avait rien que de légitime, de religieux même. En effet, à ce point de vue élevé, l'art est un hommage à l'auteur de la nature ; il est un hymne à celui qui, ayant mis la beauté dans son œuvre et donné à l'homme le cœur pour la sentir, a départi à quelques-uns le privilége du génie, capable de surprendre les secrets de l'art divin, de les ravir et de les faire passer dans l'art d'imitation, qui est le sien.

C'est par toutes ces raisons que l'artiste a fait aussi lui, et après Dieu, son paysage.

L'art, en général, est cela : la nature vue d'un regard intelligent et vainqueur, puis imitée, à l'aide des facultés qui font le génie, en appliquant à l'œuvre produite par l'art la règle suprême que chacun porte en soi, le beau idéal.

II

Il faut reconnaître en nous une règle de beau idéal, distincte du plaisir et de l'utilité, mesure de beauté qui n'est pas entièrement réalisée, même dans les choses que Dieu a créées, mesure que l'œil ne connaît pas, que l'esprit ne produit pas, mais qui se trouve dans l'âme, et que l'artiste y découvre, la jugeant supérieure à la beauté matérielle dont ses regards sont charmés. En présence des plus grandes beautés du monde physique on sent toujours la limite plus ou moins rapprochée ; on a le sentiment de quelque chose d'inachevé et qui ne saurait répondre d'une manière complète à notre conscience de la beauté, à tout ce que notre âme a soif de sentir et de comprendre ; il faut monter, aspirer à l'inconnu, sous peine de ne pas atteindre même le but immédiat, la réalité visible.

Sans vouloir rentrer ici dans les questions que la philosophie a beaucoup traitées dans ses livres, dans ses revues, dans ses cours, et, tout en laissant, dans leur généralité du moins, les argumentations platoniciennes, qu'on nous permette de rappeler quelques principes, de déterminer par une rapide analyse la nature absolue du jugement que l'on porte sur les beautés de la nature, et sur celles de l'art, et la réalité de l'idéal envisagé comme loi.

La nature a trois sortes d'aspects que l'on peut appeler sublimes, beaux au plus haut degré : le ciel, les montagnes, l'océan. Il est arrivé à tous, dans une nuit sereine, de contempler les magnificences du ciel étoilé et d'égarer ses regards parmi ces mondes allumés comme des flambeaux éternels.

D'autres fois, après avoir gravi les hautes montagnes, on a senti son âme aussi monter et s'agrandir ; ou bien enfin, du haut de quelque falaise, on a vu l'Océan se prolonger immense sous l'horizon ; dans ces situations diverses, on se sentait en présence du beau, on l'admirait, on le jugeait. Mais qu'est-ce que juger, si ce n'est émettre une sentence en vertu d'un principe qui prend le nom de loi ? Eh bien, le beau idéal est cette loi, sans laquelle on ne saurait juger d'aucun fait de beauté. Mais une loi est supérieure à ce qu'elle régit, à l'objet auquel il appartient au juge de l'appliquer. Donc cette loi, qu'on est convenu d'appeler le beau idéal, qui nous permet de juger, dans les degrés de leur beauté, les objets de la nature, est plus vaste et plus haute que le ciel, que la mer, que les montagnes, que la nature entière ; du moins, elle domine ces grandes choses et nous élève au-dessus d'elles par le droit de l'admiration qu'elles nous causent.

Il en est de même si l'on sort du domaine de la nature pour entrer dans celui de l'art. Voici les poëtes, voici les artistes ; d'un côté, Homère, Dante ou Shakspeare ; de l'autre, Phidias, Michel-Ange, Raphaël. Vous admirez ces génies, mais aussi il vous est permis de les critiquer; vous assignez les rangs, vous classez ces maîtres dans votre estime, vous dites lequel est le plus grand selon vous. Êtes-vous donc plus grand qu'eux, votre génie est-il supérieur au leur? Non, certes; mais il y a en vous quelque chose de supérieur à l'œuvre qu'ils ont produite; il y a l'intelligence de la beauté en soi. Je m'incline devant le génie d'Homère; mais son œuvre, par là même que je l'admire, je proclame que je lui suis supérieur. Ces grands hommes comprenaient eux-mêmes la supériorité de la conception qu'ils avaient du beau sur le chef-d'œuvre émané de leur génie; l'œuvre conçue leur semblait autrement belle que l'œuvre réalisée. C'est pourquoi il a pu arriver à quelques-uns de succomber à la peine sous l'impuissance de leur génie luttant contre l'idéal; et Virgile, comparant son ouvrage avec le modèle intérieur, ordonnait, en mourant, de livrer l'*Énéide* aux flammes.

Ainsi, dans la nature comme dans l'art, dans le paysage de Dieu comme dans celui de l'homme, nous nous élevons, par le droit de l'idéal, au-dessus des plus hautes beautés ; nous portons en nous la règle de l'architecte, et il nous appartient de mesurer ces grandeurs. Étrange contradiction, qui est pourtant l'évidente vérité ! Êtres d'un jour, nous osons nous jouer dans ces régions, contempler les choses immortelles, les juger en passant; nous osons cela et nous en avons le droit, car cette mesure, supérieure à toutes les choses, est habile à s'étendre dans l'infini, par delà toute beauté et toute grandeur créées.

Il faut donc proclamer l'existence d'un principe hors duquel il est impossible aux intelligences de se rencontrer, hors duquel le droit de se faire entendre est enlevé à la critique; car enfin, s'il n'y a pas de loi, il n'y a rien à juger.

III

L'artiste ne saurait imiter la nature et produire lui aussi son paysage, sans la conception qu'il porte du beau idéal, et par suite sans l'exercice des plus hautes facultés. Si tout consistait à imiter, tout par là même se ramènerait à la reproduction des phénomènes présents ou des trésors recueillis dans la mémoire comme les fleurs dans l'herbier du naturaliste. Il n'en est pas ainsi. Les sens ont recueilli les impressions, les images, cela est vrai ; mais, par delà l'opération des sens et au-dessus, la raison intervient et pose la règle. Puis l'imagination, faculté combinée de ce qu'il y a de plus pur dans les sens et de plus élevé dans l'esprit, met en œuvre les images, les choisit, les assortit, les épure, les agrandit même, quand il le faut, et recule dans certaines limites les bornes du réel. Jusque-là s'étend le privilége et s'élève la grandeur de l'art.

Mais aussi, la part étant ainsi faite à la raison, à l'imagination, au génie, il faut recommander à l'artiste de s'appliquer avec un soin assidu à l'imitation de la nature, de la reproduire aussi fidèlement qu'il est permis à la patience intelligente, soutenue par l'aile de l'inspiration, de reproduire l'œuvre de Dieu. Il y a en effet deux règles, deux lois inséparables : l'une est l'idéal, l'autre le réel. Malheur à l'artiste qui dénierait à l'une ou à l'autre son autorité ! S'il est étranger à l'idéal et ne compte pas avec lui, il se captivera dans les liens étroits du réel, oubliant que l'imitation est faite pour diriger le libre essor, et non pour l'enchaîner. D'un autre côté, sans le constant effort, sans la puissance avec laquelle l'artiste se jette dans les bras de la nature, l'enlève de terre, comme Hercule, et à force de lutter contre elle la contraint à lui obéir ; sans les merveilles de la forme, sans les trésors de la ligne et ceux de la couleur, l'art tombe dans l'idéalité, autre abîme où il se perd. Franchissant les bornes imposées par la nature des choses, il s'égare dans l'abstraction vide. Imprudent qui voudrait quitter la terre où il a ses racines pour réaliser d'une manière abstraite un idéal impossible, et qui s'évanouit dans les nuages d'une poésie vague, incertaine, dépourvue de consistance, à laquelle la lumière fait défaut aussi bien que la réalité.

J'ai voulu, dès ce début, établir des principes qui trouveront leur emploi dans toute la suite de ce livre. Le spiritualisme, en matière d'esthétique, comme dans la métaphysique elle-même, a ses justes limites qu'il doit respecter. L'esprit est distinct du corps, il lui est supérieur, qui en doute? Et pourtant il n'est permis à l'esprit de se manifester qu'à travers le corps; il rayonne sous les vives lumières de la physionomie, dans les paroles, dans les gestes, dans ce qui se voit ou qui s'entend, dans ce qui luit ou retentit. Il en est de même pour ce qui regarde l'art. Si l'on veut donner un corps à la pensée, au sentiment; faire que la beauté intérieure soit toujours présente, il faut aimer aussi ce corps animé, s'éprendre pour ses beautés extérieures d'une passion vive et toujours renaissante. Il faut enfin que le paysagiste (puisqu'il s'agit ici de lui), sans s'attacher à compter les brins d'herbe et les feuilles des arbres, sans sacrifier le principal à ce qui est accessoire, ait appris à décrire les détails matériels avec une réalité achevée, toutefois en faisant rejaillir dans son œuvre quelque chose du rayon spirituel que Dieu a répandu en toute nature.

CHAPITRE III

RÉALISME

I

Le réalisme a une autre doctrine : de deux lois il n'en veut qu'une. Il a la sensation de la nature, pour lui tout est là ; il voit, il entend; là se trouve pour lui la vertu entière de l'art. Que chercherions-nous, dit-il, au delà du positif de cette nature qui nous prévient et nous environne de ses trésors ? La nature est douce, facile, engageante ; elle n'est pas en quête de mystiques adorateurs ; elle veut être aimée pour elle-même, dans sa beauté extérieure, dans sa parure. C'est ainsi qu'elle nous convie à la chanter, à la peindre.

Heureux qui, pareil au miroir, reçoit en lui ses rayons et les reproduit, imitateur fidèle, sans se laisser troubler ou écarter de sa route par de téméraires conceptions ! Pourquoi cette périlleuse tendance à sortir des limites prescrites, à compromettre le but unique, qui est l'imitation, pour s'ouvrir à l'aspiration vaine, chimère dont se repaît une nuageuse philosophie, négligeant le vrai qui est tout, pour chercher l'idéal qui n'est rien.

La doctrine qui se résume ainsi se renferme évidemment dans le domaine sensible ; là elle borne sa puissance, et ne veut rien savoir de la région supersensible où l'âme voit par delà le regard, où se trouve la règle, la mesure, la raison de la beauté. Le réalisme ne poursuit que le vrai, et il ne sait pas que par delà cette vérité qu'il poursuit il y a quelque autre chose qu'il oublie et qu'il faudrait chercher.

Sans doute, si l'on prend ce mot, « la vérité, » dans son sens le plus général et le plus élevé, la règle que j'avance de chercher quelque chose au delà est bien vaine ; car la vérité en soi est précisément cet idéal divin que nous recommandons, et au-dessus duquel il n'y a rien si ce n'est la substance même de Dieu, dont la vérité est le premier attribut. Mais il ne saurait y avoir ici d'équivoque. Le vrai auquel sacrifie exclusivement le réalisme, c'est le vrai dans son sens ordinaire, usuel et pratique, celui que les hommes voient de leurs yeux, entendent de leurs oreilles, et qui n'a rien à démêler avec l'invisible, avec l'inconnu; ce qui peut enfin se détacher par un art industrieux et se transporter trait pour trait dans l'œuvre imitatrice. Or une telle vérité, toute relative, et aux limites de laquelle s'arrête l'essor du réalisme, suppose nécessairement celle qui la dépasse; elle suppose la vérité en soi, celle qui ne change pas, qui ne se voit pas, et qui, dans son application à l'art, est l'idéal.

C'est pourquoi, il ne faut pas s'y tromper, ce n'est pas une simple copie de ce qui est sous ses yeux que l'artiste a dû entreprendre; là n'a pas dû s'arrêter son effort, et se contenter la juste exigence de l'art. S'il ne s'agit que de copier des fragments de ce qui se déploie si beau et si grand en dehors de nous, ce n'est pas la peine, vraiment; il suffit de sortir de la cité ou d'ouvrir une fenêtre, et l'on aura bien autre chose, en fait de réalité, que tout ce que le travail du réaliste a la prétention de produire.

II

Si tout consiste à imiter, à copier, que sera le génie du peintre? Toutes les productions seront d'un mérite analogue, parce que, le but à atteindre étant partout le même et tous pouvant acquérir les mêmes procédés, il sera donné à tous, avec l'étude et du travail, de parvenir à peu près à des résultats semblables. Pourtant le génie est un don particulier qui appartient ici-bas à peu d'élus; lorsqu'il existe, il est obligé de donner plus que ne contient en elle-même l'œuvre qu'il reproduit. Si vous voulez savoir ce qu'il donnera, Schiller, dans son livre sur le sublime, vous le dit fort clairement : « On peut être original, même en imitant, mais à cette condition que ce que nous empruntons au dehors renaisse, pour ainsi dire, en nous; car, si l'homme a quelque chose à donner par le moyen de l'art, c'est lui-même. » Or le réalisme n'a rien à donner qui soit de lui.

Voyez les paysages des maîtres; entrez dans l'intimité de leur génie, et dites s'il ne remplissait pas la condition exigée ici par le poëte allemand. Tous les jours, dans les aspects divers de la nature, nous voyons des objets auxquels nous ne prenons pas garde, et qui peuvent très-bien nous charmer dans un tableau. Pourquoi ? parce que, dans le détail de la nature, la réalité se montre trop exclusive; l'utilité trop marquée atténue aussi d'une manière trop sensible le principe supérieur, qui est la beauté. Mais, pour peu que l'on soit organisé de manière à sentir l'art, on ne peut, comme le fait très-bien observer Topfer, voir, dans les simples tableaux de Berghem et de Potter, une cabane abandonnée, un pont en ruines, quelques animaux qui boivent, qui paissent ou passent un gué, sans trouver dans ces accidents, en soi insignifiants, un charme que la réalité aurait eu de la peine à faire sentir également. Cela vient de ce que, dans le tableau, nous ne sommes préoccupés que de la beauté; et que de plus, à la fidèle représentation de l'humble objet, à la vérité réelle, l'artiste a ajouté quelque chose. Qu'a-t-il donc ajouté? Peu de chose, penserez-vous. Ce qu'il nous donne, ce qu'il ajoute à cette réalité qu'il a surprise, qu'il a détachée et transportée dans sa toile, c'est tout simplement son âme.

Si quelque chose de l'artiste et si ce qu'il a de meilleur dans son âme ne passait pas dans son œuvre, à quelle distance infinie ne resterait-il pas de l'œuvre divine qu'il essaye de reproduire? Rapprochée de l'objet et considérée au point de vue exclusif de la ressemblance matérielle, la production du peintre mériterait-elle réellement l'attention du spectateur sérieux? Par la nature de ses procédés, cette imitation est si bornée, et si pauvres sont ses moyens d'exécution! Le paysagiste prétend qu'il imite la lumière; mais, dans le vrai, quelle lumière que celle qui se fabrique avec des combinaisons chimiques étendues sur une toile si on la compare avec la vraie lumière, celle du soleil! Toute la science des glacis vous montre-t-elle l'eau qui court, bouillonne et murmure? Et les êtres vivants, qui respirent, qui marchent, qui galopent ou qui volent dans la vaste nature, sont ils tout cela dans l'étroite dimension de votre tableau? Est-ce le mouvement *réel* que je vois sur cette toile immobile? S'il n'y a dans l'art que la réalité, vous ne croirez jamais à l'existence de cette réalité sur la toile ; je vous défie de fixer un instant vos regards sur ces objets peints, et de croire qu'ils se meuvent ; de regarder ce soleil, et de vous imaginer qu'il éclaire; d'écouter ces personnages, et de croire les entendre. Au point de vue de l'exclusive réalité, tout est impossibilité ou fiction ; nulle part le mouvement, nulle part la parole, le bruit, l'accent ou la vie.

Si, au contraire, vous mettez votre imagination en rapport avec celle du peintre ; si ce n'est pas avec le réel seulement, mais avec la conception du paysagiste que vous comparez l'œuvre qu'il a produite ; si, laissant faire à l'intelligence, vous placez plus haut votre point de vue ; aussitôt l'illusion se rétablit ; vous avez foi, vous entrez dans cette nature, telle que l'a faite l'artiste d'après la nature elle-même, et d'après lui. L'idéal s'éveille et l'enchantement a lieu ; vous voyez se mouvoir ce qui est immobile, vous entendez ce qui est sans bruit, vous surprenez la vie ; enfin vous sentez, par l'âme ce que les limites de l'art et l'imperfection de ses ressources interdisent à l'artiste de faire tomber en réalité sous les sens.

III

Sans le secours de l'imagination il est impossible de peindre, en artiste, la réalité. Si l'on ne procède que par voie de patients efforts, on n'arrive pas ; le daguérréotype lui-même y échoue. Le soleil, dérogeant de sa grandeur et devenu ouvrier photographe, remplit sa tâche avec une conscience admirable ; il ne s'inquiète ni du discernement ni du choix, ni du laid ni du beau ; il met à son œuvre un scrupule fatal. Pourtant il oublie quelque chose ; il ne sait pas que, s'il eût appris comme artiste, il aurait eu des aspérités à adoucir, des laideurs à repousser, des circonstances à choisir, des plans divers et gradués à établir, l'accessoire à subordonner à l'essentiel ; enfin il oublie ce qui est la vie, il s'oublie lui-même, ce soleil dessinateur, dans ce qui fait sa puissance et sa beauté ; car ce roi des couleurs, qui les dispense d'une manière si prodigue à toute la nature, il ne les emploie pas dans son œuvre, il ne saurait fixer sa lumière et en remplir les profonds horizons.

Si la nature, lorsqu'il lui plaît de peindre elle-même, se reproduit si infidèlement, comment pensez-vous que l'art le plus réaliste y puisse réussir ?

C'est une chose reconnue que les peintres qui ont imité la nature d'une façon trop exclusive, qui ont le plus aspiré aux succès du trompe-l'œil, qui ont exprimé les reliefs de manière à s'approcher des récentes inventions de l'optique; qui, au lieu d'aller directement à la haute beauté, ont mis l'habileté de la main à la place du génie absent, que ceux-là ne sont pas parvenus à se faire un de ces noms que la gloire consacre. La perfection d'un Denner à peindre les plus légers détails du visage humain ne lui a pas permis de prétendre, dans le portrait, à la célébrité dont jouissent ceux des maîtres chez qui la peinture, moins matériellement exacte, possède au plus haut degré la vie, l'âme, l'idéal; pour ceux-ci l'admiration, traversant les pays et les âges, est universelle.

Croyez-le bien, quand vous exprimeriez dans la plus entière exactitude les aspérités de la peau, les veines, les cheveux, le poli des ongles, les moins sensibles méplats; et, dans le paysage, les rugosités de l'écorce, les écorchures du terrain, les feuilles des arbres avec leurs dentelures, l'aile des moucherons, mille détails imperceptibles, votre peine courra risque d'être perdue, *infelix operis summa*, si vous avez négligé ce qui attire dans la toile, ce qui fait rêver et penser, ce qui fait que l'on palpite et que l'on aime. Si la vie n'y est pas, je dirai à votre œuvre : Copie, que me veux-tu? et j'aurai raison de lui parler ainsi, car, si je possède l'original, qui est autrement grand, qu'aurai-je besoin de votre image si imparfaite? Vous aurez manqué le but, non pas en le dépassant, comme il arrive parfois au génie, mais en restant beaucoup en deçà ; votre flèche lancée n'arrivera pas. Dans cette œuvre impuissante on cherchera vainement ce qui constitue la beauté éminente de l'art, le souffle divin, le *spiritus intus*, que l'artiste ne saurait fixer sur la toile, à moins de traverser la nature et d'aspirer au delà.

CHAPITRE IV

LA NATURE EST UN LIVRE

I

Elle est un livre, car elle a un sens mystérieux qu'elle découvre à ceux qui, non-seulement ont appris à lire ses caractères, mais encore qui savent sa langue et possèdent le don de comprendre ce qu'elle enseigne. Ce n'est pas assez, en effet, de dire qu'elle est belle, de le sentir, par une conscience enveloppée, indécise; il faut avoir appris pourquoi elle est belle. Sans doute un semblable travail n'est pas toujours possible; il y a dans cette herméneutique de la matière, au point de vue de la beauté, des parties inconnues; mais l'ensemble rayonne d'assez de lumière pour que l'on croie à la vérité du principe, pour que, prenant la peine de soulever le voile qui couvre l'antique déesse, on cherche à déterminer quelle pensée se cache sous son sourire.

Que nous dit la nature? Question vraiment palpitante et qui s'impose à l'esprit sitôt qu'elle s'est présentée. Oui, que nous dit la nature, dans ses divers aspects, dans ses joies, dans sa tristesse, dans ses retraites, dans sa splendeur? Évidemment elle nous parle et elle aspire à se faire entendre ; elle est un langage ou elle n'est rien. Une chose ne saurait exister qui n'ait pas de signification, et il ne saurait entrer dans l'esprit de l'homme une perception qui ne doive se résoudre en sentiment ou en idée.

Nous essayerons de trouver l'interprétation du livre sacré ; nous irons à travers la nature, cherchant le sens des grands objets qui la composent. Chercher le sens de la nature et par suite le sens du paysage, c'est chercher son principe, sa philosophie, son lien le plus intime avec l'âme, ce qu'il nous enseigne, son droit à nous instruire en même temps qu'à nous charmer ; c'est surprendre le mot de la parole harmonieuse qu'il fait entendre, dire enfin quelles pensées se font jour dans cet alphabet, dont chaque objet de la nature est un caractère.

Le principe qu'il est nécessaire de bien établir comme base dans la théorie du paysage, c'est que la nature, telle que le peintre s'attache à la reproduire, est un rideau qui cache en même temps qu'il laisse entrevoir sous chaque objet une vérité. Il nous dit, ce principe, que nous ne saurions le fond de rien, à l'égard de la nature, si nous n'avions appris comment on peut, franchissant le seuil et pénétrant dans ses mystères, obtenir, avec plus ou moins d'effort, le secret qu'elle veut bien qu'on lui ravisse.

C'est dire que la nature visible est le signe, l'emblème, la représentation, qu'elle est le symbole de ce qui est invisible.

Dans l'origine des peuples, la communication de la pensée s'opérait sous la forme de symbole. En Orient, et surtout chez les Égyptiens qui, rapprochés du berceau du monde, avaient recueilli l'écho des traditions premières et conservé le secret de l'interprétation de l'univers, le langage et l'écriture, ces deux représentations, immédiate et médiate, de la pensée, étaient symboliques. Le monde entier, pour ces premiers peuples, était, comme je l'ai dit, un alphabet dont chaque objet de cette nature énigmatique et visible représentait une lettre fidèle, signe sensible de la pensée. Point de doctrines abstraites, point de théories religieuses ou morales, que la sagesse des Égyptiens n'ait gravées en symboles sur leurs monuments impérissables. En prenant les objets visibles comme signes artificiels des pensées qu'ils voulaient exprimer, ces peuples déclaraient qu'en effet, et dans son sens le plus reculé, chaque objet était bien un signe naturel de la pensée, un signe dont il était possible de chercher et de découvrir l'explication.

II

Le symbolisme abonde en toute langue ; tous les mots de quelque importance ont le sens intellectuel caché sous le sens matériel. Un mot, dans son origine, exprime une idée sensible ; puis, à côté de ce sens, presque toujours une idée de spiritualité; une comparaison secrète se fait jour, qui fait passer le mot immédiatement du sens matériel au sens abstrait. L'idée morale jaillit de l'objet physique. Que disons-nous tous les jours ? La mer est furieuse, le ciel menace, les campagnes sourient les ruisseaux murmurent. Ainsi la nature est mise en parallèle avec l'homme ; elle lui sert de signe, de symbole, et reçoit de lui à son tour sa vie et sa vertu.

Cette loi de l'interprétation de la nature par le symbolisme a sa portée dans les régions les plus hautes de la métaphysique, de la morale, de la religion. Le dogme de l'immortalité, par exemple, se trouve partout écrit, dans les cieux, sur la terre et dans les nombreuses harmonies qu'explique le sens infaillible de l'humanité. Que sont les alternatives du jour et de la nuit, celles des saisons, si de tels spectacles ne nous parlent pas de mort et de renaissance? Qu'est-ce que le grain de blé, confié au sein de la terre, qui s'élance verdoyant sur sa tige féconde? Qu'est-ce que la chrysalide, brisant le tombeau qu'elle a filé, pour s'épanouir, radieuse, aux feux du soleil? Ce monde enfin, que nous admirons, avec sa plénitude de vie, d'ordre, de fécondité, qu'est-il qu'un grand voile qui nous cache un autre monde infiniment plus parfait ?

Dans l'ordre purement moral, la plupart de nos sentiments n'ont-ils pas dans la nature visible leur image et leur expression ? Voyez l'espérance. Combien de choses, dans les beautés journalières de la nature, nous parlent d'espérance et nous y convient ! La nature printanière annonce les promesses de l'été, l'oiseau qui s'élance au soleil, l'aurore au moment d'éveiller la nature endormie, courant en sillons étincelants sous la voûte du ciel, le bouton de fleurs qui va s'épanouir, l'astre du jour, que dérobe le nuage et que la nature attend pour sourire ; le papillon, emblème de l'âme, qui effleure toute chose, et, ne trouvant rien sur terre, cherche au ciel son repos ; le petit enfant qui voudrait se dégager de ses liens, et qui, agitant son aile et s'essayant sous le regard qui l'accompagne, fait battre le cœur maternel, tout cela, symbole d'espérance, en attirant nos regards, élève nos cœurs, et les porte au séjour où le symbole passager de la vie se brise et se convertit en réalité.

Si le spectacle du monde nous amène à Dieu, on

peut dire aussi que c'est Dieu qui nous explique le monde ; on ne saurait comprendre la nature sans avoir eu auparavant le pressentiment de Dieu. Pour qui n'a pas reconnu en soi-même l'être divin, l'aspect des choses n'a rien qui les fasse comprendre. La nature, pour celui-là, n'est qu'une chimère sans raison, sans cœur, une effigie destinée à passer sans avoir vécu. Au contraire, pour l'homme qui a ce divin pressentiment, la nature est vivante, elle reluit d'une splendeur immortelle. Cet aspect du monde, pris en soi, n'offre rien de fixe, rien d'éternel, rien que le flux et le reflux des choses, la naissance, la mort, la succession. Mais la raison de tout cela est ailleurs ; c'est une lettre qu'il n'appartient pas toujours à l'homme d'interpréter.

En effet, si cet homme participe de Dieu, il participe aussi de la nature, et il voit ses beautés se réfléchir dans son être propre. Entre le monde visible et le monde invisible, le monde des sens et celui de l'intelligence, il a conscience à la fois de sa subordination et de sa grandeur. Au milieu des magnificences de la création, il est plus grand que ce qui l'entoure, il surprend quelque chose de plus que tout ce monde visible. Il est dans la nature, mais il la domine, puisqu'il la comprend, qu'il en possède le sens, et que l'imagination, merveilleuse ouvrière, débrouille la confusion, purifie la nature elle-même, l'exalte, la transfigure, et voit dans sa beauté fugitive un reflet lointain de l'Être éternel.

L'homme a foi à ces soupçons du cœur; il sent que, s'il n'était pas en rapport direct avec Dieu même, qui lui parle par cet intermédiaire, la nature serait pour lui une apparence à laquelle il ne comprendrait rien; qu'il serait errant, comme la brute, dans cet univers, dont les beautés seraient pour lui comme n'étant pas, puisqu'il ne saurait pas que toutes ses parties ont, pour ainsi dire, une mission humaine à remplir, et que Dieu a préparé, pour l'usage de l'homme, les pavillons du ciel, les vastes champs, l'exil des bois, tout enfin, tout ce qu'il aime, tout ce qu'il admire. Mais l'homme entend le langage des cieux; il sent qu'ils roulent pour lui et qu'ils lui parlent de leur auteur. Dans chaque lettre de ce divin symbole il entend, il comprend, il reçoit, il goûte le sentiment de Dieu.

A l'aide de ce principe d'interprétation, il est permis de tirer le rideau de la nature matérielle, et d'arracher à chacun de ces objets qui nous charment le secret de sa beauté. C'est ainsi qu'un céleste spiritualisme, pénétrant à travers les choses, s'assimile la nature, et fait rayonner le sens mystique et divin au-dessus du sens matériel.

III

Il faut donc le reconnaître, le monde entier est une scène hiéroglyphique. Heureux sont ceux qui possèdent plus que les autres le don d'interpréter le livre divin! La beauté, manifestation d'en haut, leur apparaît, à ceux-là, dans toute sa dignité originelle. Loin de se borner à l'enveloppe variable, ils cherchent ailleurs la raison immuable de ce qu'ils admirent. Et alors cette beauté resplendit à leurs yeux de toutes parts ; ils la voient dans la verdure des champs, dans l'émail des fleurs, dans le murmure des eaux, dans les horizons qui réfléchissent les feux du ciel. Mais bien vite, soulevant tous ces voiles, ils la contempleront dans les idées qui recèlent tous ces objets ; de sorte que, de toute cette contingence visible et fugitive, qui est le monde, il sera facile à ces regards pénétrants de dégager l'invisible, pour en faire un objet d'émotion vive, la cause la plus élevée et en même temps la plus intime de leur admiration.

Et maintenant je vais essayer de développer ce qui a été établi ici, d'appliquer ces principes à la théorie du paysage, de marquer ce qui est contenu, ce qui est exprimé dans le livre universel qui s'appelle la nature. Prenant tour à tour les grandes classes d'objets dont se compose le paysage naturel, je dirai ce que chacune signifie, et par suite on verra ce que le paysage du peintre est obligé de dire après celui de Dieu.

CHAPITRE V

CIEL ET LUMIÈRE

I

Un même mot, le ciel, exprime, dans notre langue française et dans les idiomes antiques, deux choses, deux idées bien distinctes : d'abord l'atmosphère qui nous environne, la voûte bleue qui est au-dessus de nos têtes ; puis le ciel spirituel, de Dieu et des âmes saintes, où Dieu réside et où nous tendons. Or il me semble que ce penchant à identifier, par le langage, des idées d'un ordre si différent, prouve assez bien que nous sommes portés à regarder le ciel matériel comme l'image du ciel invisible. Quand le cœur se sent troublé de quelque douleur secrète, pourquoi les yeux s'élèvent-ils dans la région des nuages? Nous faisons monter vers les étoiles nos regards avec nos prières, comme si le ciel de Dieu était plutôt en haut qu'en bas, comme si le ciel qui ne se voit pas était le même que celui qui s'étend sur nos têtes. C'est que ce ciel visible et matériel nous apparaît réellement, comme un symbole de celui qui est invisible et que nous entr'ouvre l'espérance.

Il est impossible de méconnaître le sens emblématique de la voûte céleste et des grands corps qui la peuplent, ainsi que leur conformité avec les idées religieuses les plus élevées. Dans les âges reculés, les hommes ont regardé les mondes étoilés comme le séjour de Dieu et celui du rappel des âmes. Partout le ciel a été peuplé d'âmes divinisées. Quelle poésie, quelle religion première n'a pas personnifié ce soleil bienfaiteur assis sur son trône de feu, qui féconde la nature, mûrit les fruits, dispense à toute vie la lumière et la chaleur? La lumière, dans son contraste avec l'ombre, fut toujours l'emblème de la clarté morale et de sa lutte contre les ténèbres du vice. La lutte incessante de l'ombre et de la lumière avait semblé à un peuple antique une image si vive de l'éternel combat qui existe entre le bien et le mal, qu'une religion célèbre, celle des mages, était sortie de cette assimilation si naturelle à l'esprit humain.

Eh bien, c'est, dans une certaine mesure, à cet ordre d'idées, à l'identification du ciel matériel avec le ciel divin, de la lumière visible avec celle qui est imperceptible, que doivent obéir les paysagistes qui ont à peindre les ciels. Ainsi doivent-ils s'être pénétrés de ce haut idéal s'ils veulent représenter l'espace éthéré dans sa transparence et dans sa grandeur. De même que le ciel sensible est la partie principale du paysage de la nature, de même en doit-il être dans l'œuvre du paysagiste. Appuyons la théorie sur l'exemple, et essayons d'analyser les effets divers produits par la voûte du ciel et par la lumière qu'elle dispense, aux époques successives d'une belle journée; cherchons à marquer comment chaque nuance principale de cette lumière suscite des pensées diverses, et possède d'évidentes harmonies avec les dispositions également changeantes de notre âme.

II

Levez-vous avec le soleil et allez sous la rosée, parcourant les bois, les champs, la hauteur des monts. La nature est engageante; la lumière brille d'un éclat tranquille; l'aurore blanchit au loin la ligne de l'horizon et colore d'un or pâle, avant de les dissiper, les ombres du crépuscule. Ces tons de lumière, variés et vifs, tombent doucement sur tous les objets qu'ils éclairent peu à peu; les nuages, souples et vivants, flottent avec légèreté sous l'azur limpide. A ce moment le soleil se lève, entouré de sa clarté sereine et croissante. La nature vous sourit, elle vous convie. Allez donc, saisissez l'heure rapide, abritez-vous dans les herbes, et là vivez, rêvez et pensez. Cette nature, lorsqu'elle s'éveille aux feux du matin, est pleine de pensées pour ceux qui savent l'entendre; elle appelle au travail, à la joie, au sentiment de l'existence; elle contient le symbole du réveil éternel, elle monte au Créateur, elle entonne l'hymne.

Les grands paysagistes ont surpris ces harmonies. Leurs ciels disent tout cela; ils parlent de vie heureuse, d'appel au travail, à la vertu. Entre tous, Berghem chante le ciel matinal; avec lui vous respirez la fraicheur, la santé, la vie qui renaît; vous sentez, dans les pages du peintre comme dans celles de la nature, un doux épanouissement, quand, sous les étroits horizons qu'il préfère, le soleil, secouant sa brume lumineuse, apparaît dans sa chaste parure et se décore du plus riant éclat de sa beauté.

Mais voilà que l'évolution s'est opérée dans le ciel; c'est le midi. Les grâces du réveil ont fait place aux richesses de la vie qui abondent; le ciel est moins profond qu'immense; son azur blanchit sous la vapeur brûlante; ce sont des flammes qui tombent avec une splendeur à la fois paisible et formidable; l'astre du jour se voile sous les rayons émanés de son propre foyer. Que de variétés, que de surprises sous les accidents de sa lumière! Qu'il est beau de la voir tomber d'aplomb sur le faîte des arbres, puis redescendre par cascades, en dégradations multipliées et mobiles, opposer les masses d'ombres aux clartés, revêtir de sa flamme les monts, les plaines, les fleuves;

apporter aux feuilles des bois, à la verdure des prés une transparence et des tons si nuancés, que la mémoire ne saurait à son gré les fixer, ni l'imagination les transmettre au pinceau, dans leur vivante réalité !

Les paysagistes ne s'attaquent pas volontiers aux splendeurs du midi ; ils préfèrent des heures plus paisibles, des harmonies plus douces, une majesté plus discrète. Il est un peintre pourtant qui les affronte, qui se jette au sein de la nature ardente et lui ravit le secret de sa beauté. Celui-là est connu de tous, c'est Claude Gelée. Nul plus que lui n'a jeté des flots d'or sur les monts, sur les vallons, sur la mer ; nul n'a revêtu de plus de feux les divers plans d'un paysage ; nul n'a fait mieux sentir la force du soleil, lorsque, pareil au lion en repos, il répand son ardeur lumineuse sur une riche végétation, à l'heure puissante du midi.

Quand vous voyez Marilhat étendre à l'horizon les grandes lignes de quelque ciel oriental ; quand Decamps, dans ses paysages bibliques, sous l'intense lumière qui baigne la terre du désert, fait resplendir le palmier, le puits, l'angle de la muraille, le chameau ruminant et la caravane abritée; dites à ces peintres qu'ils n'ont vu, qu'ils n'ont connu que la réalité, qu'ils n'ont fait qu'ouvrir les yeux, voir le soleil, le sable aride, l'oasis lointaine; qu'ensuite ils ont retracé l'image fidèle, sans passion, sans trouble, sans éprouver l'émotion secrète qui est le sentiment de l'infini, de l'idéal, à coup sûr ils vous démentiront; ils se sont sentis environnés de ce grand ciel avant de songer à le peindre.

III

Le soir vient, la troisième phase du jour, celle de la grandeur voilée, quand la nature, dans sa douceur souveraine, aspire au repos. Les ardentes vapeurs se sont apaisées, le ciel est plus bleu, les teintes qu'il envoie sont plus détachées et plus vives. Quels effets dans ces nuages légers, pénétrés d'une lumière pure et subtile! L'astre descend, entouré d'un feu tranquille, dépouillé des rayons qui éblouissent, accessible aux regards et comme endormi dans sa gloire; il répand à travers la nue, dont il frange les bords, des rayons doucement enflammés. C'est l'heure des demi-teintes et des reflets; l'or du ciel revêt de son éclat l'émeraude des prés, l'argent des flots, l'émail des fleurs. Le peintre aime le soir, il aime ces feux attiédis qu'il lui est plus facile de reproduire, et dont il sait bien que l'effet sera plus sûr et plus pénétrant. C'est aussi l'heure du poëte, le temps où il s'en va, foulant les bois qui jaunissent et s'écriant :

> Dieu, que les airs sont doux, que la lumière est pure!

Cependant le combat se déclare, les ombres naturelles, ainsi que les ombres portées, se multiplient et s'allongent, l'ombre croît et triomphe, la nuit tombe, le ciel s'étoile. C'est alors que le ciel est grand dans son mystère, dans son symbole. Lorsque, par une nuit sereine, on sent l'infini sur sa tête, dans les cieux il y a une voix qui parle et révèle d'austères pensées. L'âme se recueille, elle s'agrandit avec la nature dont les limites reculent : je ne sais quoi d'inconnu, se communiquant à toutes ses puissances, annonce l'existence de celui qui a peuplé l'infini, dressé comme un pavillon passager la vaste étendue du ciel, et, suivant l'expression d'un poëte, suspendu l'univers à son trône comme un diamant.

La nuit, avec ses mystères de sentiment et ses abîmes de pensées, est assurément très-difficile à peindre. Les paysagistes reculent devant elle, et à bon droit. Il y en a pourtant qui ont possédé ce génie, qui ont su peindre les nuits au front pâle et pourtant lumineuses; qui ont su reproduire la lune aux rayons mélancoliques, lorsqu'elle verse tour à tour ses reflets calmes et tremblants dans l'azur étoilé, sur les objets terrestres dont elle argente la couleur, sur la cime des arbres, sur les monts dont elle dessine avec fermeté les contours, sur les flots dont elle éclaire le mouvement, sur l'architecture dont elle fait ressortir les grandes lignes et les vives arêtes ; enfin sur toute la nature dont elle recule les plans, les revêtant de son mystère et de sa beauté sacrée. Le Lorrain est encore le maître dans la peinture des nuits italiennes; c'est lui vraiment qui rend les ténèbres visibles, brillantes même sous les effets de lune joints aux lueurs qui restent encore du soleil disparu. Dans une autre nature, dans les simples paysages de la Hollande, Adrien Van der Neer excelle; rien ne surpasse la transparence de ses ciels et les effets de clarté vive dont il sait revêtir tous les objets sous la pâle clarté de l'astre des nuits.

Le réalisme a peur de la nuit; on comprend pourquoi. Comment peindre la nuit quand on ne sait que ce qui se voit; quand il est convenu que l'art ne connaît pas de mystère; que ce qui tient à la pensée n'est pas accessible à l'essor de l'art. Le jour est nécessaire au réalisme; là s'ébat et se clot ce qu'il regarde comme la vie réelle, la vie qui effeuille son jour, qui passe et ne cherche rien par-delà.

IV

Le sentiment intime de la lumière, j'entends de ses nuances les plus délicates, est loin d'être universel; en cela, comme en toute chose, volontiers on se contente de l'à-peu-près. Pourtant, dans les climats tempérés surtout, il arrive peu que la lumière d'un jour d'été soit absolument la même que celle de la veille ou celle du lendemain. Il y a généralement dans une suite de jours regardés comme beaux une gamme de tons très-marqués. Les peintres qui ont une parfaite connaissance de ces nuances ont appris à choisir leur moment. Souvent ils préfèrent le jour où la lumière est en décroissance. S'attaquer au soleil dans sa force, c'est vouloir lutter contre le géant. Tous ne s'appellent pas Claude Gelée, Jean Both, Asselyn, Herman d'Italie. La plupart trouvent plus aisément sur leur palette les teintes adoucies ; ils s'attachent préférablement aux jours voilés, aux teintes mélancoliques, plus belles parfois dans l'œuvre du peintre et mieux senties qu'elles ne le sont dans la réalité même. De tels moments, dans le paysage, ont avec le cœur de secrètes harmonies ; les sentiments ne s'exaltent pas alors, mais ils s'émeuvent ; le regard de l'âme est plus pénétrant, l'intelligence plus prompte, la pensée plus recueillie.

Ce n'est pas seulement par la magie de la lumière aux diverses heures du jour que le ciel, dans la nature et dans l'art, se fait admirer ; le ciel pittoresque a des beautés en dehors de cet éclat, mais des beautés où la pensée domine et que le réalisme ne saurait comprendre.

Les ciels du Nord, par exemple, j'entends ceux de Hollande ou d'Allemagne, peuvent être moins beaux que ceux du Midi; le ciel de brume n'a pas, certes, la grandeur du ciel de feu. Néanmoins, comme le premier est beau par les idées qu'il éveille! comme il a son idéal dans sa tristesse même! Il est gris, sombre, il se plonge à l'horizon sous une ligne rigoureuse; il répand une clarté douteuse; des nuages le couvrent; le soleil y luit en rapides éclaircies qui ne parviennent pas à réchauffer une nature attristée. Les Ruysdael, les Hobbema, les connaissent, ces ciels du Nord qui font rêver et penser, qui entraînent dans la toile l'âme méditative. La lumière étant absente, c'est la pensée qui y supplée dans leur œuvre et qui fait leur principale vertu. Ces grands peintres n'ignoraient pas leur puissance; ils savaient, par l'instinct même de leur génie, que la nature a d'autres beautés que celles qui resplendissent.

V

Si le réalisme ne saurait rien comprendre à la nature quand la lumière est voilée, que peut-il faire avec les phénomènes de l'orage, et comment pourra-t-il entreprendre de les peindre? C'est là surtout que j'attends l'artiste. Si le sentiment du spiritualisme est absent de son œuvre; si, dans ces mouvements de la nature, il a le malheur de ne voir autre chose que l'ordre physique, que peindra-t-il? Il marquera quelques effets extérieurs : le coup de vent qui remue les feuilles de la forêt, l'herbe des prés, et fait trembler les hautes branches des chênes; il entr'ouvrira le ciel et fera jaillir l'éclair. Mais, je le demande, si vous ne voyez pas la main souveraine qui commande à la nature et lui impose sa loi, direz-vous la menace du ciel, son aspect sinistre, son silence plein de terreur? Si le sentiment moral vous fait défaut (à votre œuvre, veux-je dire), vous échouerez, peintre de talent. Cette nature, vous aurez beau la peindre plus ou moins bouleversée, vous ne la peindrez pas effrayée. C'est pourtant là ce que je veux voir, car la nature a peur dans l'orage, et moi, spectateur, je veux avoir peur avec elle, je veux voir planer sur cette toile la crainte, et, par suite, le refuge à Dieu et l'adoration. Qu'est-ce, après tout, pour vos regards sans portée que cette foudre et ses effets, que vous vous êtes proposé de reproduire? Un simple phénomène que la science appelle l'électricité. Mais il est impossible de peindre l'électricité; on ne peint que la puissance de Dieu qui a suscité cette force du sein de ses nuages et en a fait son arme.

VI

J'avoue qu'il m'est impossible de supporter dans un paysage un ciel faible, imparfait, un ciel manqué. Je veux qu'un ciel m'environne sans m'écraser ; qu'il me protége, et que je me sente heureux sous son abri. N'infligez pas à mon regard, en forme de repoussoir au fond de votre tableau, une toile bleue, une toile grise, sans nuance, sans profondeur, sans rien qui dise : C'est le ciel. Que vos ciels soient fins, lumineux et doux ; que le soleil dore, en toute réalité, de beaux nuages, souples, paisibles et légers dans leur course aérienne ; qu'à travers leur réseau le ciel prolonge indéfiniment son azur ; qu'une vapeur impalpable, et pourtant solide et réelle, un ferme produit du pinceau, remplisse l'atmosphère, lui donne sa consistance, et communique à toute la nature pittoresque sa plus désirable beauté.

Aujourd'hui, dans l'œuvre de beaucoup de paysagistes, il faut le dire, ce qu'il y a le plus lieu de regretter, ce sont les ciels. Souvent, dans des œuvres d'ailleurs choisies, au fond d'un bois, dans le fourré, dans les fuites de l'onde, sur le corps des beautés bocagères, tel peintre d'un grand talent fait glisser les plus piquants effets d'une lumière qui charme et qui étonne. Mais de tels effets sont au préjudice du ciel lui-même; le soleil est dans le bois, il n'est pas au ciel. On ne saurait guère attacher sur lui ses regards; non pas qu'il éblouisse, bien loin de là, mais il fatigue par sa pesanteur. Au lieu de cet azur limpide qu'il faut admirer dans les maîtres, au lieu de ces ciels qui semblent reculer et ouvrir l'espace à l'âme qui s'élance, on voit l'épaisseur de la pâte, des rudesses de brosse, des effets de truelle, qui détruisent toute illusion à l'endroit où elle a le plus grand besoin d'exister.

Cherchez les empâtements dans Claude, dans les Hollandais, dans les ciels romains de Léopold. L'oiseau ne saurait se tenir et respirer sous ces couleurs, moins vives qu'entassées, par lesquelles quelques-uns essayent dans cet air épais de donner une certaine réalité, à défaut de vie, au soleil et au ciel. On se sent appesanti dans le manque d'atmosphère quand on voudrait s'élancer dans l'éther des hautes régions. Une telle manière de concevoir et de peindre le ciel est triste ; c'est un procédé réaliste, bien que tous les peintres qui l'emploient n'appartiennent pas à cette école. Toujours est-il qu'il amène à un double résultat : il détourne de l'idéal et sort de la nature.

CHAPITRE VI

RICHESSE VÉGÉTALE

I

La terre a ses champs, ses prés, ses bois, trésors de végétation qui font ici-bas l'existence de l'homme, mais aussi qui ont en eux-mêmes leur sens intérieur et leur beauté.

Le champ de blé est beau, soit que, symbole d'espérance, il étende sa nappe verte sur la vaste plaine ; soit que, mûrissant, il incline ses blonds épis et appelle le moissonneur. C'est un spectacle imposant que celui qu'offrent les plaines de la Beauce aux diverses époques de l'année : espace désolé dans l'hiver, savane de verdure au mois de juin, grenier d'épis qui vivent et flottent au grand air, quand approche l'heure de la récolte. En lui-même et considéré seul, l'épi est plein d'élégance ; sa tête dorée et chargée de grains s'élève gracieusement sur sa tige élancée. L'idée morale ne lui manque pas : sa forme en grappe serrée, avec les longues barbes qui le protégent, semble indiquer de quelles difficultés sont hérissées les avenues du bien. Le fait de sa germination, comme je le disais plus haut, est un symbole compris de tous. La terre a été creusée et relevée en tombe ; un grain a été confié à la fosse ; ce simple dépôt s'est corrompu ; puis il a germé, il a fleuri, il a porté son fruit mûr. Le corps mortel de l'homme, confié aussi lui au sein maternel de la terre, doit refleurir et porter son fruit pour l'éternité.

Aussi le champ est-il tout à fait essentiel au paysage des champs, qui représente la nature dans sa richesse, dans sa fécondité. S'il manque, les yeux le cherchent, le désirent. Le travail qu'il exige donne lieu à des motifs pittoresques. Tantôt, sous un soleil ardent, la javelle tombe à pleines poignées sous la faucille; tantôt c'est l'orage qui menace et disperse les moissonneurs, comme dans le beau paysage exposé au dernier Salon, par M. Hédouin; d'autres fois, sur le sol dépouillé par la moisson, les glaneuses de M. Millet s'en vont recueillir les rares épis que le travail du moissonneur a laissés derrière lui sur la plaine.

S'il faut des champs au paysage, le pré lui est encore plus nécessaire ; il amène avec lui l'eau, le bocage, les accidents de la lumière. L'herbe qui sera le foin est plus abondante et plus serrée que celle qui sera le blé ; coupée dans sa racine, elle subsiste et repousse ; aussi le pré est-il toujours plus ou moins vert. On peut dire que le pré a des caractères divers et que l'artiste connaît. Dans le paysage de goût italien, il y a la vaste prairie, bordée de verts peupliers, et que quelque grand fleuve sillonne de ses contours harmonieux. Il y a ensuite le pré hollandais, plantureux et humide, joyeux et libéral sous les bons animaux qu'il rassasie. Le peintre a le sentiment du pré, qui n'est pas le même que celui du champ. Avec celui-ci on goûte je ne sais quelle senteur de la bonne terre labourable, intime sensation que donne à ceux qui la comprennent l'antique nourricière du genre humain. Cette impression, le paysagiste l'éprouve, et il a le devoir de la communiquer. Mais, avec les prés, le sentiment devient plus désintéressé, et par là plus relevé; l'idée d'utilité y prend moins de place et en laisse davantage à la beauté pure.

II

Une partie de la richesse végétale qui l'emporte sur tout le reste, sur le blé et sur l'herbe, c'est l'arbre. Destiné à s'élancer, à fendre l'air, à arrêter la lumière, à verser l'ombre, l'arbre est en effet le plus intéressant objet du paysage de Dieu.

Le peuplier est le plus noble; il croît le long des ruisseaux; il est l'orgueil des vallons et porte sa tête pyramidale dans l'azur du ciel et convie la pensée à monter avec lui; son ombre prolongée est celle que les anciens appelaient l'ombre hospitalière, et il est doux de se coucher à ses pieds, en regardant ses feuilles délicates s'agiter et frémir, tandis que les rayons du soleil se jouent à travers les branches élevées. L'orme, avec sa tête rabougrie, son énergique carrure, son écorce grise et noueuse, son tronc déchiré et caverneux, est assez en rapport avec le sol labouré qui le reçoit; il élève son front séculaire au milieu de ces champs avec lesquels il s'assortit par sa couleur, et auxquels il ressemble par sa paisible et morne austérité. Un troisième, le marronnier, se fait admirer par sa grandeur tranquille, par sa hauteur gigantesque, ses assises multipliées qui le font ressembler à un édifice végétal, bâti par la main de la nature; sur son toit en plate-forme tombent les masses de lumière, qui de là rejaillissent pour s'infiltrer dans les divers étages de sa construction.

Le roi des grands arbres, c'est le chêne, végétal sublime, dont la feuille dentelée est si fraîche, si vive, si abondante; le chêne est celui des arbres qui possède la vie la plus intense. Les idées morales qu'il éveille sont nombreuses. Son gland, un fruit en soi insignifiant, a éte célébré par un poëte comme le symbole de l'humanité croissante. Dans l'ordre simplement moral, le chêne, emblème de la puissance hautaine, insulte au roseau, au risque de voir tomber sous la foudre ses bras formidables, ou arracher par l'aquilon ses racines qui « touchaient à l'empire des morts. »

D'autres arbres complètent cette principale partie du trésor de la nature dans nos climats : c'est d'abord le hêtre, sous la couverture duquel aimaient à s'asseoir les pâtres chanteurs de Virgile ; puis l'acacia, qui s'élève, puissant et touffu, orné de sa feuille douce et tendre, et laisse pendre une grappe de fleurs élégante et parfumée ; le pin, toujours vert, fait pour s'assortir à la sombre nature des montagnes, et qui, dans ses analogues, l'if et le cyprès, décore, par un symbole universel, le marbre des tombeaux ; le saule enfin qui épanche sur les ruisseaux son ondoyante et pâle chevelure.

A tous ces arbres, plus ou moins grands et tous de pleine venue, il faut joindre les arbustes qu'ils abritent, qui croissent sous leur ombre, et donnent, pour leur part, à la nature végétale sa plus aimable richesse. Faut-il citer le cytise si aimé des chèvres antiques ; le faux ébénier, qui se rapproche de l'acacia par ses grappes jaunes, odorantes et fleuries ; l'aubépine, verdure et neige printanière de la végétation ; le chèvre-feuille, liane de nos climats et qui le disputerait aux plus charmantes fleurs? Beaux arbustes, épais et verdoyants, qui forment les haies et bordent ces chemins couverts où il est doux de s'engager, quand les oiseaux chantent et voltigent, et que les rayons du soleil, épars et capricieux sous les feuilles, semblent se jouer parmi les ombres.

III

C'est avec ces arbres et ces arbustes, et toute la vaste richesse de la végétation en plein air, que la nature a fait ses bocages et ses bois.

Qu'est-ce que le bocage, dans le paysage de la nature et dans celui de l'art? Peu de chose en soi, en apparence du moins; un bouquet de verdure, des fleurs discrètes, un peu d'eau, des accidents d'une lumière piquante et tombant avec mystère. C'est pourtant là ce que nous cherchons, vous et moi, quand nous allons, un livre à la main ou une rêverie au cœur, chercher, oubliant le monde, la fraîcheur, la solitude, la liberté; c'est celui-là que peignent nos chers peintres hollandais, quand ils nous ouvrent des sites si bornés et si clos, mais où il y a tant de place à l'âme pour respirer.

Si le bocage prend quelque développement en superficie, il est le bois ; il s'appelle la forêt si les arbres parviennent à la grandeur qui leur appartient. Quand le bois est travaillé par la main de l'homme, ses allées tracées en longues files, ses ombrages taillés en berceau et arrondis par la serpe, ce n'est plus le bois, c'est le parc ; ce n'est plus la nature cherchée et désirée, c'est la nature mutilée et qui a perdu la plus grande partie de sa vertu. Les grands bois deviennent de plus en plus rares dans la France cultivée. La coupe septennale y met bon ordre ; l'arbre des bois tombe adolescent. Et alors quelle poésie trouver dans ces taillis régulièrement parsemés de baliveaux laissés là pour protéger, quelques années durant, les nouveaux plants et qui tomberont à leur tour sans parvenir à l'âge d'arbre?

Il y a bien encore de beaux paysages de forêts en France, mais le promeneur doit aller les chercher dans les forêts de l'État, qui sont loin d'être à la portée de la foule. Il y a des régions dans lesquelles on ne trouverait pas un grand bois, où l'on chercherait en vain quelqu'une de ces retraites profondes, où les arbres gigantesques, serrés en masse, et prolongés sur de vastes terrains, collines et vallées, élèvent aux vents du ciel leurs têtes verdoyantes.

Il faut se résigner à ces nécessités de la vie matérielle. Après tout, le bois est une denrée, il doit être recolté comme le champ de blé ; l'arbre vigoureux, l'arbre séculaire, qui a été réservé pour l'avenir, doit tomber aussi lui pour l'exploitation de l'industrie, comme le bœuf après son temps de labour. C'est le destin ; c'est aussi la civilisation. Elle s'inquiète peu de la beauté ; l'utilité est son but, sa loi. Depuis les premiers âges, la lutte entre les deux principes, entre l'utilité et la beauté, est établie, et elle durera jusqu'à la fin. La beauté doit être souvent vaincue dans ce combat inégal. Mais telle est la force de celle-ci, telle la vertu qui lui est inhérente, qu'elle se joue des efforts faits pour la contraindre et la mutiler ; comprimée d'un côté, elle se développe d'un autre ; elle possède l'art de réparer ses pertes ; elle se relève de ses débris, toujours ancienne, toujours nouvelle, et sa beauté, incessamment renaissante, survit à ses ruines.

Les grands bois appartiennent au paysagiste; s'ils deviennent rares dans notre nature, on peut les chercher et on les trouvera dans les musées. Là il y a de grands intérieurs de forêts, avec toutes les circonstances, tous les motifs que le génie de l'artiste a pu recueillir; des accidents d'un terrain plus ou moins riche en mousse ou en verdure, de lumineuses éclaircies, l'eau qui miroite sous le soleil. On y trouve aussi des êtres moraux, le souvenir, le recueillement, le silence de l'âme comme celui de la nature, et peut-être la douleur, assise à l'écart, triste et souriant à elle même, *smiling at her grief*, comme parle le poëte anglais.

Cette voix, cette pensée, qui émane de l'aspect des bois et de tous les produits de la nature végétale, c'est la vie; si dans cette nature on ne voit pas la vie, on ne voit rien; si on n'y sent pas la vie, on ne sent rien; si elle ne dit pas : J'existe, elle ne dit rien. L'antiquité ne l'ignorait pas, elle qui peuplait sa riche nature de puissances divinisées ; qui avait ses napées et ses dryades pour ses vallées et pour ses bois. Mais ces divinités n'étaient déjà qu'un souvenir de l'ancien panthéisme, souvenir affaibli et ramené par les Grecs à de poétiques fictions. Les temps contemporains n'ont point conservé ces inventions, jadis charmantes, d'une mythologie épuisée. Depuis une époque qui n'est pas encore très-reculée, on s'est repris au sentiment de la nature. Il y aurait peut-être bien, chez les penseurs et même chez les artistes, quelque tendance au panthéisme, au vague sentiment d'une nature universelle puisant sa vie dans la passivité de son développement; mais la plupart, et les meilleurs, savent s'en défendre. Chez les bons paysagistes, la séve, sang végétal, fleuve de vie du second règne de la nature, circule trop bien dans l'écorce et dans la feuille, pour que l'on puisse nier qu'ils comprennent la nature et que le sentiment de la vie est en eux.

IV

J'ai parlé des champs, des prés, des bois, de la vie qu'ils recèlent et je n'ai rien à dire des jardins, C'est que le jardin ne saurait constituer un paysage. Quoi de commun entre cette nature arrangée, captive, tourmentée, et les effets de la vraie nature cultivée et qui pourtant est restée libre ? Le paysagiste doit aimer fort peu les jardins; il étouffe dans ces enclos. Que lui font ces arbres taillés en boule ou en éventail, ces allées sablées, ces pelouses ornées des produits d'un statuaire équivoque, ces eaux renfermées dans le marbre? Ils sont bons pour y placer, avec Watteau (qui a porté ce genre à la perfection), des scènes galantes, de beaux seigneurs aux habits paillettés d'or, plus accoutumés aux ruelles qu'à la nature ; ou bien, avec Lancret, les petites dames aux têtes légères et poudrées, produits éphémères d'un art qu'on aurait pu croire passé sans retour. Maintenant il existe des différences de costume, mais le fond a peu changé, et la peinture des jardins serait à peu près la même. Là encore, sur la terrasse du château, les dames viendraient, le soir, reposer leur large envergure, respirer une fraîcheur douteuse et se reposer, par l'ennui, des fatigues d'un jour oisif. A moins pourtant qu'il ne plaise au paysagiste de surprendre dans le jardin un monde plus réaliste encore et que voici : l'homme au chapeau de paille et au vêtement gris, l'heureux possesseur, qui prend racine dans ce domaine, et demeure là bêchant, arrosant, s'essuyant le front et soufflant. Pour moi, qui ne suis propriétaire que de la nature, ce n'est pas à celle-là que j'offrirai mes sacrifices, comme on dirait en style d'autrefois, du temps de l'élégant poëte des jardins, M. Delille. L'air manque dans ces compartiments ; il manque l'espace, la liberté; ôtez ces murs et laissez passer.

On dit : Vous aimez peu les jardins; à votre aise; pourtant il faut bien supposer que vous aimez les fleurs ; or ces charmants trésors de la nature cultivée, c'est dans les jardins qu'ils se trouvent. — Croyez-vous cela ?

Les fleurs appartiennent aux campagnes; c'est là qu'elles sont nées et qu'elles vivent dans leur vraie beauté. Avec quelle intelligente prodigalité elles ont été semées par la nature ! Chaque partie du paysage a ses fleurs qui lui appartiennent et qui s'assortissent avec lui. Dans les vergers, des fleurs d'un blanc pur, teinté de rose, remplissent le calice des arbres fruitiers. Dans les haies, c'est l'églantier, la rose primitive ; sa corolle blanche, avec son fond d'or, s'élève modeste et virginale, et le vert tendre de sa feuille est d'une nuance exquise. La clématite et le volubilis grimpent en lianes légères, s'entrelacent aux arbustes, et le chèvrefeuille, lui aussi, se marie avec l'aubépine, dans les haies vives des chemins creux.

Les vertes eaux des étangs et des rivières encaissées dans les régions bocagères ont reçu les feuilles rondes et larges du nénuphar, qui flottent avec leurs belles fleurs jaunes sur la surface de l'onde; le glayeul épand ses fleurs lancéolées au pied des collines. Dans les pays accidentés, aux terres de Bretagne et de Vendée, une nature plus agreste fait monter les genêts épineux au faîte des roches escarpées. D'autres fleurs, plus simples et non moins charmantes, sont réservées à la lisière des bois : C'est tour à tour la modeste violette, que son parfum trahit ; le bleu myosotis, qui recommande de ne pas oublier ; la fleur rouge de l'humble bruyère, qui répand, avec le thym et le serpolet, son doux arome sur la mousse des coteaux.

Dans les champs, dans les prés, en toute campagne verdoyante, d'autres fleurs encore, de vraies étoiles végétales, sont semées avec profusion sur le riche manteau qui couvre le sol. Le bouton d'or, la marguerite, le coquelicot, émaillent l'herbe verte, tandis que le bleuet diversifie, de son azur céleste, les champs de blé dont le trésor va mûrir.

Ce qu'il y a de symbolique dans la fleur est sensible à l'esprit et connu de tous. Elle exprime les sentiments mobiles et divers, les joies trompeuses, l'éclat qui passe, l'espérance, l'attente du fruit, la vertu sainte et le parfum des bonnes œuvres. L'esprit dégage toutes les harmonies du paysage de Dieu; il fait dire à la fleur, comme à l'arbre, comme à l'épi jaunissant, comme à tout ce qui végète et à tout ce qui respire, un mot du vaste spiritualisme qui émane de la nature entière. L'idée est partout; le paysage la reflète, et là se trouve sa signification la plus haute et sa vertu.

CHAPITRE VII

COLLINES ET MONTAGNES

I

Une des causes principales de la beauté des paysages se trouve dans la variété des formes et dans le mouvement du terrain. Dieu a modelé la terre, il n'a pas voulu qu'elle fût une boule régulière ou une surface plane ; il lui a donné une charpente osseuse ; les arbres et la verdure sont comme la chair qui la recouvre. Les aspérités de la terre sont les articulations de ce grand corps ; elles ont aussi la condition du paysage. Sans les montagnes, et s'il n'y avait que des plaines, que deviendrait le regard éperdu, se projetant avec effort sur une surface éternelle et sans rive?

La colline est une des pièces les plus importantes du paysage de la nature et, par suite, de celui de l'art. Que d'accidents pittoresques la diversifient! Toute végétation croît sur son penchant, la verdure la revêt jusqu'au sommet; les plus beaux fruits mûrissent sous son soleil; la vigne y fait courir ses pampres avec l'or des grappes parfumées; les grands arbres s'y multiplient, et souvent, sur le sommet arrondi, une ligne de peupliers, fermant l'horizon, donne passage à la lumière éthérée qui flamboie dans les interstices des feuillages verts.

Le mouvement de la colline est doux; elle s'élève sans effort, et sa racine se distingue peu du sol; rien d'abrupte ni de violent; la première pente annonce que l'on va monter sur des hauteurs sereines; si le beau fleuve est absent, un ruisseau le remplace et murmure à ses pieds.

A côté des chaînes de collines, d'autres hauteurs ont aussi leur caractère et leur charme dans le paysage. C'est d'abord le simple coteau, isolé, agreste, assorti à quelque bocage reculé, et sur lequel pend la chèvre rustique; c'est quelque roche grise, entrecoupée d'arbres, et mal revêtue d'arbres clair-semés; la butte offrant sa masse détachée, ses pentes roides et son sommet aigu; c'est enfin le tertre vert, moins élevé, d'un accès facile, au large sommet où l'on s'assied, le soir, pour contempler les beautés d'une nature bocagère et les profondes retraites de quelque ombreuse vallée.

Toutes ces hauteurs modérées ne sont pas encore les montagnes; elles sont les premières assises du grand marchepied de la nature. L'âme s'y arrête, elle y recueille de paisibles émotions, et se met à comprendre que le cœur de l'homme est fait pour s'élever, qu'il a des ailes et n'attend qu'un bon souffle pour les déployer.

Dans le paysage de l'art aussi la colline joue son rôle, et l'artiste ne saurait s'en passer. Il n'y a pas de paysage sans horizon, et guère d'horizon pittoresque sans coteau. Mais que d'art il faut au pinceau pour y réussir! que de détails! Tracer avec précision ces formes arrondies, ces courbes souples et harmonieuses, arrêtées et ressenties; creuser les vallons fleuris qui s'ouvrent parfois, en forme de corbeille, dans l'intérieur du coteau;

marquer l'ondulation du terrain ; faire pressentir que, par delà ces premières limites, il y a d'autres plaines, d'autres collines, d'autres horizons ; éclairer ces hauteurs des accidents d'une lumière graduée selon les heures du jour ou les approches de la nuit ; répandre l'air de la base au sommet ; marquer la distance et la dégradation des plans ; tout cela n'est qu'une faible idée de la tâche du paysagiste par rapport à la colline, s'il veut lui faire exprimer les qualités qui lui appartiennent, grâce, élégance et mouvement.

II

Un ordre de beauté supérieur au précédent est constitué par la montagne. La simple colline joue son rôle dans le tableau; elle s'assortit aux circonstances dont il se compose; elle s'élève sans orgueil et ne s'impose pas au paysage. Au contraire, dès que la nature nous présente une montagne, ou dès que l'artiste dresse dans sa toile une crête élevée, l'équilibre entre les détails du paysage n'existe plus; la montagne ne s'assortit pas, elle règne; elle donne à toute chose sa grandeur, son caractère, sa beauté. C'est pourquoi l'impression qui résulte d'un paysage de montagne est grande; ce n'est plus le gracieux, l'agréable, le seuil du beau, c'est le beau lui-même.

Parlons d'abord des monts intermédiaires qui ne sont plus les simples collines et se distinguent des montagnes les plus hautes. Ceux qui ont visité l'Auvergne, le Jura, les Vosges, connaissent ces aspects d'une grandeur tempérée. Tout s'y rencontre : des masses profondes de verdure, des champs, des prés, des bocages, des vignes sur les coteaux, quelques eaux vives qui vont rejoindre le fleuve, la cité qui s'épanouit au milieu de la plaine, lève son front sur une colline détachée et répand au loin sa robe aux longs replis; à l'entour une admirable variété de montagnes qui s'arrondissent au sommet ou présentent la nudité de leurs volcans éteints. Puis, dans une partie déterminée de ce vaste cirque, elles disparaissent soudain, et l'œil plonge sur la verte Limagne, dont l'horizon, perdu sous les vapeurs aériennes, semble reculer jusqu'à l'infini. Je ne voulais parler qu'en général, et je viens d'écrire un souvenir[1].

A chaque pas, si l'on se promène parmi ces hauteurs, le spectacle varie. Au tournant d'un chemin, un vallon sombre, un passage étroit, des coteaux qui se resserrent, l'eau jaillissante et l'abondante verdure, des motifs qu'on ne saurait décrire et que la mémoire a gardés. Vous ne voyez plus la montagne, mais vous sentez que vous y êtes; vous reconnaissez ses caractères, qui ne cessent jamais de se faire comprendre, de se faire sentir. La verdure est plus sombre, le bocage plus austère, l'air plus intense et plus vif; et soudain, au moment où vous n'y pensez pas, une éclaircie vous laisse apercevoir la vallée lointaine qui s'ouvre à une profondeur plus ou moins grande, là-bas, à travers les arbres.

C'est aussi en visitant les grandes vallées que de chaque côté closent de hautes chaînes de montagnes, c'est alors surtout que ces montagnes sont belles dans leur paisible majesté. Les coupes harmonieuses de ces monts, la richesse variée des coteaux qui se dessinent à leurs croupes; la char-

[1] Un paysage vu des montagnes qui environnent Clermont en Auvergne.

mante aménité avec laquelle se présentent ces masses arrondies, vertes souvent jusqu'au sommet, fuyantes, joyeuses, et qui semblent bondir comme les béliers du Psalmiste ; le cristal agité du torrent qui les borde ; la vallée qui tantôt se resserre, tantôt s'élargit en plaines vertes et fleuries, tout, dans ces lieux renommés, éveille les émotions les plus choisies, le sentiment du beau dans ce qu'il a de plus noble et de plus pur.

III

Il arrive encore que, sans entrer dans les vallées, les hautes montagnes, vues à d'assez grandes distances, produisent cet ordre d'émotions intermédiaires entre l'agréable et le sublime, et qui est celui du beau, proprement dit. Qu'il me soit permis de reproduire une page empruntée à un livre que je publiai autrefois sur la région des Pyrénées. Il s'agissait d'un grand tableau, de l'aspect des montagnes considérées du terre-plein du château d'Henri IV, à Pau, et se déroulant en espalier gigantesque aux limites de l'horizon.

« Observez ce paysage un beau soir d'automne, tandis que le soleil, dans une majesté tempérée, se couche derrière les grands arbres du parc et la colline de Lescar. Des jets de lumière rouge se répandent sur les toits des villages, dorent les crêtes des feuilles, et semblent dormir sur les flots turbulents de ce beau Gave, dont l'étincelant cordon divise la vallée prochaine. A l'horizon, les montagnes sont éclairées par de grands jets violacés qui, venus de l'occident, courent, se déplacent, se brisent, échangent avec caprice les accidents de la lumière et ceux de l'obscurité. Des vapeurs lumineuses environnent le pic majestueux d'Ossau, et semblent combler la creuse vallée qui conduit à la base verdoyante de ce géant des monts.

« Par un beau contraste, les cimes des hautes Pyrénées, à l'est, sont dans une obscurité douce; on dirait de beaux promontoires au delà desquels commence la mer. A leur pied, la vallée s'élargit et fuit devers Lourdes et le Bigorre. De ce même côté, le fleuve sinueux se montre comme un serpent lointain, aux anneaux mobiles et retentissants, à l'écaille changeante d'argent et d'azur. Quelquefois, dans l'ardeur même du midi, les montagnes d'Ossau paraissent reculer ; elles sont tellement baignées de moites vapeurs, que leurs aspérités s'adoucissent ; les Pyrénées semblent alors comme un cristal transparent qu'un léger contact, émané d'une volonté surhumaine, pourrait briser. Il est des soirs où l'on voit l'ombre s'étendre sur le premier vallon des deux côtés du fleuve, et la lumière reste derrière, et continue de dorer les crêtes lointaines.

« Soudain un flux de clarté revient du premier plan ; ce sont des nuages légers, blancs comme la neige, et comme elle épars à flocons sur le bleu du ciel. Alors les sites plus rapprochés, les arbres, les villages et les collines qui précèdent les montagnes se détachent et apparaissent sur le fond obscurci. Les nuages déteignent sur les eaux rapides du fleuve, qui passe tour à tour par l'échelle des couleurs rose, violet, bleu et jusqu'à l'argent mat, quand ce foyer intarissable de rayons a subi ses mille dégradations pour se fondre et disparaître dans les ombres de la nuit.

« Ce moment est l'heure d'une autre beauté. La lune s'empare à son tour de l'horizon désert, elle arrive sur le profond azur avec son cortége d'astres étincelants, et alors commencent de nouvelles scènes, des mirages plus pénétrants, quand l'astre des nuits prodigue et nuance sa clarté sereine sur les quatre parties dont se compose la beauté terrestre, la verdure, les eaux, le ciel et les montagnes[1]. »

Dans les divers aspects que je viens de rappeler, les montagnes apparaissent dans leur grandeur sereine, et l'âme ne sort pas de la région du beau. Pour entrer dans celle du sublime et demander à ces montagnes ce qu'elles peuvent donner de plus grand qu'elles, il ne faut pas les voir du fond des vallées ni contempler leur aspect, paisiblement assis sur la terrasse d'un château; il faut monter, il faut gravir et aborder l'inaccessible.

IV

Nous arrivons aux tableaux que présentent les hautes montagnes. Voici les glaciers, les pics abrupts, les profondeurs où l'œil ne saurait plon-

[1] *Histoire et description du Béarn et du pays basque*, p. 548 (Pau, 1840).

ger sans que le regard se trouble, la gorge creusée entre les montagnes qui se touchent, le pont de bois jeté entre les deux rives, la cascade qui se précipite et se fraye un passage en torrent. Plus loin la montagne a subi de si étranges catastrophes, elle a été d'une si terrible manière déchirée, brisée, tranchée dans le vif, que les légendes locales nous diront quel géant a coupé ces roches de son épée et jeté dans les abîmes leurs formidables débris. Une lumière assombrie, glissant le long des pics couverts de neiges éternelles, court en longs sillons sur les forêts de pins qui couvrent les flancs escarpés de la montagne. L'ours a sa retraite dans les fourrés épais; il en sort à ses heures, et marche solitaire dans sa liberté. Le vautour cherche sa proie du regard, tandis que l'aigle, roi du peuple des airs, plane en tournoyant sur l'abîme, et rentre au sommet des monts, dans l'aire où ses petits attendent son retour avec la nourriture sanglante qu'il a promise.

Devant de tels spectacles les puissances de l'âme sont troublées, la sensibilité, selon la théorie de Schiller [1], est vaincue; l'intelligence de-

[1] Sur le sublime.

meure, elle s'élève sur les débris d'une partie de l'âme ; et alors l'idéal se montre.

Elles sont grandes, les idées qui se recueillent de la contemplation des montagnes ; elles disent le contraste de l'infini de Dieu et de la petitesse de l'homme dans sa grandeur même. Mais, je le répète, cet infini divin qui se conçoit alors, ce n'est pas l'idée panthéistique de l'unité, absorbant toute chose en son sein. La pensée ne s'égare pas, elle reconnaît que Dieu, en faisant ces grandeurs, a voulu donner à l'homme un rayon, une ombre de sa puissance. Avec cette idée souveraine tout prend aux yeux de l'homme ses justes proportions ; la dissonance disparaît dans l'harmonie générale, et, ravi d'un si beau spectacle, l'homme salue la suprême intelligence qui seule a pu placer ces désordres sublimes dans la nature qu'elle a créée.

Y a-t-il des peintres d'un génie tel, qu'il puisse leur être donné d'exprimer sur leur toile ces aspects merveilleux de la création : reproduire l'immense, l'immobile, ce qui confine à l'infini ! Que celui-là se trouve qui ose affronter ces difficultés, qui sente en lui cet élan vers l'idéal et qui tende au sublime, nous applaudirons. Mais, si cet heureux vainqueur ne paraît pas, il faut que les amis du beau pittoresque s'en tourmentent peu. Assez de beautés éminentes sont offertes aux hardiesses de l'artiste ; il peut laisser la région des aigles aux souvenirs de ceux qui la connaissent, sachant bien que jamais une peinture ne donnera une idée suffisante de ces grandeurs étranges à ceux qui ne les auront pas visitées.

CHAPITRE VIII

L'EAU

Quoi de plus nécessaire que l'eau dans le paysage? Otez l'eau, que nous fait la verdure des prés, la grâce des collines, le feuillage des bois? Que l'eau soit la fontaine, le ruisseau, la rivière ou l'océan, elle remplit dans le paysage un rôle essentiel; si elle manque, la nature est triste, elle s'inquiète, elle a soif, et le spectateur souffre avec elle.

I

Fontaine de Blandusie, que le poëte de Tibur a chantée, comme tu devais être belle, quand, plus brillante que le cristal, tu disais ta chanson en roulant sur tes cailloux ! Tu es restée, pour le souvenir du poëte et ceux de l'artiste, le modèle immortel des belles eaux. Heureux le peintre qui a le sentiment des eaux vives, qui montre les fontaines jaillissant du rocher, grossissant leur trésor dans le réservoir de rocs polis que la nature leur a creusé, et de là s'échappant pour courir, ruisseaux limpides, dans la vallée!

Horace n'avait pas seulement le sentiment exquis de la fontaine, il avait encore celui du ruisseau. Ce cours d'eau est peut-être ce que le paysage a de plus charmant. Déjà le soleil brille, mais l'ombre épaisse vous protége sous ce bocage accidenté par les clartés croissantes d'un soleil matinal. Le ruisseau vous invite ; asseyez-vous sur ses bords. Que vos pieds se reposent sur la mousse, et que l'onde caressante les effleure en murmurant. De frais vergers sont à l'entour :

> Uda
> Mobilibus pomaria rivis.

Une fleur tombe sur les flots, qui l'entraînent ; vous regardez les jeux de l'onde, vous demandant où aboutira cette humble destinée qu'un souffle du zéphyr lui confie. Ira-t-elle à son but, ou bien s'arrêtera-t-elle délaissée par le courant qui portera les autres jusqu'au fleuve? D'autres fois, c'est une bordure de roseaux, arbustes timides, mais forts et qui résistent aux assauts du vent, bien qu'ils baissent la tête au moindre zéphyr qui « ride la face de l'eau, » comme s'exprimait un poëte, grand paysagiste aussi lui.

Le peintre de paysages est à son aise avec les ruisseaux et les sources. Comme, sous la magie de son pinceau, ces eaux vives sont transparentes et semblent murmurer! Comme la surface plane de cette toile est devenue mobile par l'art! La fontaine chante, le ruisseau court, et les tapis de verdure et de fleurs qui les bordent invitent doucement au sommeil sous l'épaisse fraîcheur du bocage! D'autres fois le ruisseau se perd, il devient quelque onde égarée dans une clairière au fond des bois, une mare parsemée d'herbages et de glaïeuls, autour de laquelle s'abrite la sarcelle ou rêve le héron au long cou. Là, près de cette onde, on sent venir le repos, le doux retirement, l'abandon de soi, le charme d'être et de laisser dormir son âme dans la cessation de tous les soins mortels.

Cependant le ruisseau croît, il marche, il s'avance, il grandit, il est rivière, il est fleuve, il court à la mer. La rivière est la gloire des grands paysages. Avec quelle grâce elle serpente le long des collines dont elle suit les détours! Si elle s'appelle la Loire, elle court comme la gazelle; dans ses bonds multipliés, elle disparaît derrière les monts pour reparaître plus loin aux regards qui la poursuivent. Mais il ne faut pas se fier à sa feinte douceur; dans sa beauté limpide elle cache des retours, des colères, des perfidies. Le Rhin et le Rhône sont de terribles captifs; pareils à l'homme puissant qu'irritent la chaîne du devoir et le frein de Dieu, ces fleuves s'agitent sans repos, ils frémissent, impatients de rompre leurs digues et de se répandre en liberté sur leurs bords.

La rivière a des tons de couleurs si variés, des harmonies si douces avec ce qui l'environne, lorsqu'elle resplendit au soleil et reflète d'un éclat vif les beaux objets de ses rives! Oui, mais aussi qu'elle est difficile à reproduire par le peintre! Comme il faut que l'artiste place dans sa palette toute son imagination, qu'il la fonde pour ainsi dire avec ses couleurs ! C'est à l'art des glacis de montrer non pas seulement la surface, mais l'ample sein du fleuve ; de faire voir ce fleuve qui coule, qui luit, qui reproduit les arbres verts, tandis que vers le milieu, dans son lit même, dans le vif du courant, ses flots se meuvent et blanchissent sous les scintillements de l'astre du jour. Il nous faut ici les merveilles de votre art, peintre, et vous ne sauriez l'oublier.

II

A part de l'eau qui demeure dans le paysage et qui appartient aux sources, l'eau qui tombe du ciel produit aussi des effets qui ne sont à dédaigner ni par le promeneur ni par le peintre. Quand le soleil a imprimé sa puissance sur les herbes qui jaunissent, que la nature souffre et appelle le nuage, l'eau tombe et la terre respire. Il est temps de sortir ; allons, les rayons du soleil, qui se jouent parmi l'eau des nuées, décrivent l'arc-en-ciel, palette enchantée où sont fondues avec un art insaisissable les primitives couleurs dont s'est servi le peintre éternel. Il est doux de voir la nature ranimée et plus verte, avec ses fleurs qui relèvent leur tête longtemps courbée par la sécheresse. Le peintre saisit cet instant, et il donne un de ces frais paysages où l'on surprend ce charme de vie dont la terre arrosée fait sentir l'influence, quand la nature sourit aux regards adoucis de l'astre aimé, et s'ouvre aux clartés nouvelles de l'espérance.

Puis, quand la nuit, préparant la fraîcheur du matin, a déposé sur l'herbe, sur la feuille des arbres, au calice des fleurs, les perles étincelantes de sa rosée, c'est alors qu'il faut aller parmi les prés, le long des haies verdoyantes où l'oiseau s'abrite, faisant plier les branches et buvant l'eau que le bon Dieu lui envoie. Mais bientôt le jour augmente, le soleil est le plus fort; il pompe la rosée, et la convertit en vapeurs tournoyantes ; un peu plus tard le rideau des brumes qui s'est doré peu à peu achève de se dissiper, et la lumière victorieuse se montre sans voile, dans sa splendeur première.

Le paysagiste connaît toutes les ressources que l'eau réserve au pinceau ; il a étudié cet ancien élément sous toutes ses formes; il sait que les accidents de cette nature mobile doivent leur tribut à son génie, aux efforts d'un pinceau auquel rien de ce qui est de la nature ne saurait résister.

III

La nature, qui a mis tant d'art dans son œuvre, a attribué l'eau, sous les formes les plus diverses, à toutes les parties de son paysage. Elle a les fontaines et les ruisseaux pour les collines et les vallons; les rivières pour les vallées profondes; pour les hauteurs alpestres elle a ses torrents et ses lacs.

Ceux-ci sont de deux sortes : dans les grandes vallées qui s'élargissent au pied des montagnes helvétiques, il y a les beaux lacs tant célébrés par les poëtes. On a bien des fois décrit celui de Genève, ses beaux sites, ses flots d'argent, ses rives ombreuses, les motifs pittoresques qui se multiplient sur ses bords, ses châteaux historiques et le trésor de ses souvenirs. Le poëte aime les lacs; il aime ce *clear Leman*, chanté par Byron. Le voyageur y laisse dériver sa barque, cherchant Julie de Wolmar, Elvire plus moderne, d'autres poétiques créations errantes sur ces bords enchantés. La peinture aussi se plaît aux lacs helvétiques, elle sait reproduire ces eaux limpides, elle peint les joncs qui flottent et se réfléchissent sur ses bords avec les longues lignes des peupliers verts.

Dans l'intérieur des montagnes, dans la région la plus élevée, il y a des lacs d'un autre ordre. Après avoir longtemps gravi, par des sentiers escarpés et perdus, le long des torrents et des pins, parvenu au pied des hauteurs les plus sourcilleuses, vous apercevez une nappe d'eau entourée de rocs formidables taillés à pic et que vient baigner le flot dormant. Il faut voir ces lacs pyrénéens dans les moments où l'atmosphère est attristée, en automne, sur la fin d'un jour gris, quand les neiges courent en sillons sur la pente des monts, que les pics dentelés se détachent en vives arêtes dans la voûte du ciel, et que toute la solitude, immobile et sans bruit, est menaçante et sombre.

Telles sont aussi les grandes cascades qui se rencontrent dans ces mêmes régions. La masse formidable accourt, elle tombe de roc en roc ; elle mugit, elle tonne et se précipite écumante au fond de l'abîme, d'où elle repart en torrent. Dans son mouvement irrésistible, elle semble immobile et compacte; aucun intervalle ne sépare ses flots ; le soleil y fait jaillir des éclairs, et, plus bas, vers le penchant de la chute et dans la profondeur sombre, l'arc-en-ciel, descendu de l'air, répand ses couleurs entre le cristal de l'onde et l'humide fumée qu'elle exhale. Le voyageur veut contempler de près le fond de la cascade ; il quitte son cheval de montagne, qu'il attache à quelque souche au bord du chemin, et alors il descend à travers les rocs jusqu'au fond. Là, assis sur un tronc d'arbre qui surplombe sur le gouffre, on aspire l'écumante rosée ; on écoute et on se charme, on s'effraye, on souffre, et pourtant le cœur s'exalte ; on écoute la grande nature, c'est sa voix qui retentit.

Que le paysagiste essaye encore de surprendre ces grands effets ; qu'il aille, celui dont la pensée est haute, l'imagination fertile, la main sûre, demander, s'il le veut, aux solitudes et aux forêts vierges du nouveau monde de vives représentations de leurs cataractes ; que du moins, sans faire tant de chemin, il aille au pays des torrents chercher de telles émotions, et qu'ensuite, épuisant ses souvenirs, il s'attache à les fixer sur la toile avec ses couleurs. Mais qu'il n'espère pas y parvenir si sa pensée est demeurée réaliste, s'il n'a pas conçu l'idéal; si, parmi de tels aspects, il n'a pas entendu, s'il n'a pas compris la voix qui se fait entendre au fond des cœurs, plus puissante que celle des cataractes ou des torrents.

IV

Je ne parle pas de la mer, le plus grand spectacle de la nature, l'empire de l'eau. Ce qui est appelé proprement la peinture de marine n'est pas du ressort du paysage. Laissons aux peintres de cet ordre le soin d'exprimer ces flots vivants, intelligents, paisibles comme la lumière, tourmentés comme les sables du désert, terribles dans leurs tempêtes comme le lion. Cependant, s'il ne se propose pas comme un but particulier, exclusif, de peindre l'Océan, le paysagiste peut s'en approprier des parties et les faire entrer dans son œuvre. Le Lorrain a fait des merveilles en ce genre; il resserre une partie de mer dans un paysage savamment composé. Parmi les plus beaux accidents d'une nature italienne et les riches détails de l'architecture, la mer, fuyant au loin, se perd à l'horizon, où l'on voit surgir les voiles des navires sous les flots qui grossissent aux approches du flux. Ces flots ressortent sous l'étincelante lumière, que l'imagination du peintre semble avoir dérobée aux sources mêmes du soleil. Ruysdaël, dans quelques paysages, place la mer en perspective; il trace avec une extrême précision la ligne sinueuse d'un golfe; le ciel et la mer s'enfoncent, chacun de leur côté, dans des profondeurs extrêmes, puis se rejoignent à l'horizon, mais sans confondre leurs lignes. Sur les premiers plans, le peintre répand, avec l'art de peindre qui n'est qu'à lui, les motifs les plus variés de son paysage terrestre.

V

Si l'eau, qu'elle soit le ruisseau, la rivière ou l'Océan, est un des principaux objets de la beauté des paysages, ce n'est pas seulement par cette beauté elle-même, c'est aussi par la signification qu'elle recèle. Toujours, dans le langage figuré des anciens peuples, l'eau a été prise comme symbole de quelque vérité religieuse ou d'un sentiment moral élevé.

Dans le ruisseau qui roule ses ondes entre deux rives fleuries, les moralistes ont vu l'image d'une vie paisible contenue par le devoir, marchant, sans trouble comme sans douleur, au but qui lui a été marqué. Au contraire, le torrent qui se précipite entre les ruines des monts a bien souvent rappelé l'âme que dévastent les passions; elle aussi roule ses flots sur un lit pierreux, et elle se dessèche dans la saison des orages, sous les dévorantes ardeurs de la vie à son midi. Combien de fois la mer, avec ses mystères, ses profondeurs inconnues, son calme, ses tourmentes, ses tempêtes, ses abîmes, n'a-t-elle pas manifesté ses harmonies avec la perpétuelle agitation du cœur de l'homme?

L'onde, fluide et fugitive, *aqua volubilis*, a été l'emblème des choses transitoires, du rapide passage de l'existence humaine ici-bas. « Nous ressemblons tous à des eaux courantes, » dit Bossuet. Comme les ruisseaux et les fleuves arrivent à la mer, ainsi les hommes descendent au trépas; « tant qu'enfin, après avoir parcouru un peu plus de chemin et fait un peu plus de bruit les uns que les autres, » il nous faut arriver au même abîme, et nous perdre au sein de ces mers inconnues où disparaissent nos espérances et nos grandeurs. Le même Bossuet a tracé quelque part un paysage, un vrai paysage, et plein de vertige, dans lequel, à chaque halte de l'homme sur une route diversifiée par mille beautés naturelles, il fait entendre la voix de la mort : « Marche ! marche ! » qui précipite jusqu'à l'abîme ; et il n'oublie pas, avec « les fleurs qui passent, » les eaux qui, plus tard, deviennent « moins claires et moins vives quand tout s'efface et se ternit. »

Le symbolisme de l'eau se trouve bien des fois exprimé dans la sainte Écriture. Elle est la parole de vie qui découle des livres sacrés, et descend comme l'onde au fond des cœurs qu'elle fertilise. L'âme altérée court aux sources divines comme le cerf aux fontaines. « Vous tous qui avez soif, dit le prophète Isaïe, venez à l'eau vive, » *omnes sitientes, venite ad aquas*. La parole du Sauveur, pareille à l'eau de la fontaine de Siloé, rejaillit pour la vie éternelle. Lorsqu'un jour, dans le désert, la Chananéenne offrait à ses lèvres mortelles l'eau d'une source voisine, « buvez l'eau de la parole, dit-il à cette femme, et vous vivrez. »

Sans doute le paysagiste, lorsqu'il se met à l'œuvre, ne se dit pas cette philosophie ; il faut pourtant qu'à son insu du moins il se sente dominé par un ordre semblable de considérations. Si sous le voile de la nature il ne voit pas ce qui est invisible, s'il n'a pas le pressentiment du haut spiritualisme qu'elle recouvre, s'il n'a pas reconnu ses affinités avec l'âme, c'est en vain qu'il entreprend de la reproduire. La nature, dans l'œuvre de ce peintre, n'aura pas la vraie transparence, celle qui montre l'idée ; elle n'aura pas le vrai mouvement, celui qui laisse voir la vie. L'œuvre du pur réaliste ne sera pas vivante ; non, certes ; car, si ce qui est du corps s'y trouve exprimé avec une certaine fidélité, que faire de ce corps ? il y manque l'Esprit.

CHAPITRE IX

LES ANIMAUX

I

L'animal est un être mangeant (cela est fort prosaïque), c'est-à-dire, au point de vue du paysage, un être dévorant, picorant, broutant et ruminant; — cette définition, dira-t-on, ne saurait être admise, attendu qu'elle pèche contre une règle logique bien connue; car l'homme aussi, lui, mange, et c'est une fonction qui occupe assez de place pour beaucoup. — Je le sais bien; mais chez l'homme la nécessité de se nourrir n'est pas, comme chez la bête, un but, une destinée. Pour lui, vivre matériellement n'est que le moyen d'accomplir son but essentiel, qui est la moralité. C'est pourquoi notre humble définition de l'animal n'embrasse pas l'homme; et, pour définir celui-ci dans sa nature propre, dans sa dignité, il faut se maintenir dans la région cartésienne, et distinguer l'homme de la brute, en l'appelant l'animal qui pense.

Or cet être, qui a pour but, pour loi propre, de manger, l'animal, joue un rôle principal dans le paysage. Pourquoi? C'est que l'animal, par là qu'il se nourrit, qu'il se meut, possède la vie à un plus haut degré que le végétal, quoique cette vie soit chez la brute bien au-dessous de celle dont l'homme, par l'adjonction de l'intelligence, possède la plénitude; or la vie, on ne saurait le nier, est la meilleure vertu du paysage; elle en est la lumière morale, elle constitue sa vérité.

Eh bien, c'est précisément dans ce moment déterminé de sa vie de relation, dans l'action de manger, que le paysagiste reproduit le plus fréquemment l'animal. Avec l'animal qui se repaît et s'abreuve l'artiste anime les bois et peuple les vallons. C'est alors que l'animal montre sa nature, son penchant, et en quelque sorte le degré d'esprit qui lui appartient. La bête féroce se comprend comme telle au moment où elle dévore ; demandez-le à Barye. Alors elle montre ses ressorts, ses muscles, ses dents blanches, ses pieds robustes, ses flancs allongés qui palpitent sur la proie qui souffre et se débat, sa beauté propre enfin, qui est la férocité. Si un peintre représente le lion au repos, l'aigle qui plane au haut des airs, soyez sûr que, dans ces moments de transition, l'un et l'autre méditent sur la proie nouvelle qu'ils attendent et qui leur est promise.

Quant à l'animal paisible et fait pour brouter, à l'instant où il est occupé à paître, il y a dans son allure, dans ses mouvements, dans la courbure de ses épaules et de son cou, une grâce naturelle, à la fois nonchalante et satisfaite, qui fait un des charmes le plus aimés des paysages. L'indolence de l'animal bêlant est agréable à voir quand il va par les collines et les vallées, tondant le pampre et l'herbe verte ; la chèvre bondit, elle a des attitudes charmantes ; coutumière des haies verdoyantes et des chemins creux, il est beau de la voir lorsqu'elle s'accroche aux buissons, cueillant à loisir le cytise fleuri et le saule amer. Et enfin, pour celui qui aime à demander à la nature ses beautés les plus paisibles, il est doux d'errer le soir et de plonger ses regards dans l'ombreuse vallée, alors que, parmi les grandes herbes des pacages, « couché sur ses genoux, le bœuf pesant rumine; » le bœuf, la vache, le jeune veau, *cui frons turgida cornibus*, semblent inséparables de la prairie où ils vivent. Symbole vivant, le bœuf surtout représente la fertilité des vertes campagnes. Cette noble bête est belle lorsqu'elle va tondant avec délicatesse l'herbe plantureuse; elle est belle surtout lorsqu'elle travaille, si bonne, si dévouée, si résignée à sa tâche, si pleine de bon sens; elle a si bien captivé sa force, elle remplit avec tant de conscience la loi de subordination imposée à sa nature, que l'on ne peut guère voir sans quelque émotion dans un paysage, pourvu que les conditions de l'art s'y rencontrent, un attelage de labour.

II

C'est par ce caractère principal, par la peinture des animaux paissant ou travaillant à l'œuvre rurale, que se font surtout admirer les maîtres hollandais. Potter, le roi des peintres d'animaux, ne les conçoit guère autrement. Berghem jette avec un esprit infini dans son paysage ces heureux animaux, paisibles comme la nature bocagère où leur peintre les a placés. Ils sont là, mais dans la mesure restreinte de la sensation, sans trop d'intelligence, sans trop d'esprit, tout œil, tout mouvement, toute vie. Voyez surtout le *Gué*, un des plus beaux ouvrages de ce maître, au Louvre... Ce sont les préludes d'un orage ; toutes les feuilles frémissent, l'eau se ride, le ciel s'assombrit ; une belle villageoise, aisément campée sur sa monture arcadienne, se retourne; elle craint l'orage et interroge le ciel, tandis que ses bêtes, arrivées au ruisseau, montrant leur inquiétude dans tous leurs mouvements, se disposent à boire et ne boivent pas.

Karl Dujardin aussi, lui, pour ses bêtes placées dans la scène rurale, est accompli. Le *Repos dans la vallée*, en particulier, est une merveille. Qu'ils sont heureux tous ensemble, dans leur *far niente* de midi, chevaux, vaches, volailles, moutons et gens ! Il faut admirer cet effet de chaude lumière qui glisse de la colline sous un bouquet d'arbres où se trouve un villageois assis et caressant un chien. La lumière s'étend sur un terrain sablonneux, jette ses reflets sur une maigre pelouse, et illumine par des tons gradués cette scène entière si simple et si bien composée. Mais les bêtes sont les maîtresses pièces du tableau. Deux chevaux ont la tête posée sur le cou l'un de l'autre, puis il y a des moutons à faire envier leur bonheur, des poules qui cherchent leur picorée, une vache qui broute. Les peintres hollandais font les animaux d'une manière incomparable; mais aussi ils savent monter leur diamant et l'enchâsser dans l'or; pour que la peinture des bêtes ait tout son charme, il faut qu'elles vivent dans une campagne vive, dans un vrai paysage. Chez Berghem, Dujardin, Potter, la bête mange, elle a peu d'esprit, mais elle vit heureuse dans la prairie qui est faite pour elle; et c'est ainsi que le paysage est vérité, qu'il est nature.

Après les vieux peintres hollandais, et mieux que les anciens paysagistes en France, nous avons dans notre temps de très-habiles peintres de bétail. MM. Brascassat, Cogniard, Palizzi, Troyon, une femme surtout qui porte ce talent jusqu'au génie, mademoiselle Rosa Bonheur. Plusieurs peuvent être loués pour l'art avec lequel ils jettent les groupes d'animaux dans un paysage ; mais, si l'on considère la peinture des animaux sans s'inquiéter du paysage, si l'on demande une monographie du labour, rien ne peut se comparer à l'artiste que nous venons de citer en dernier lieu. Que l'on revoie, au Luxembourg, le *Labourage nivernais*. Si beaux sont ces bœufs, avec leur pelage varié, leurs muscles ressentis, leurs fanons puissants ! Il y a en eux tant de ressort, qu'ils semblent légers dans la pesanteur même de leur masse. Haletants, ils souffrent, mais avec quelle énergie, quelle volonté ! L'homme qui les guide est beau et représente la puissance humaine dominant celle de la nature dans ce que celle-ci a de plus intense, la vie et le travail de l'être animé. Puis il y a tant d'air à l'entour de l'homme et des bêtes ! On sent la grande nature dans ce qu'elle a de plus imposant. Toutefois on regrette l'entourage naturel qui manque à cette œuvre d'ailleurs vivante ; on cherche la profondeur du ciel et le paysage.

III

Le paysagiste s'occupe assez peu du cheval, j'entends surtout du cheval de Job, de Buffon, et de bien des poëtes qui ont célébré l'idéale beauté de ce compagnon de l'homme dans ses fêtes et dans ses batailles. Il laisse à Charles de Dreux les chevaux indomptés, l'arabe et l'anglais pour le manége et pour le sport. Le cheval de bataille est trop spécial aussi ; les engagements de cavalerie par Wouwermans, merveilleux en soi, ne sont guère des paysages. Le vrai cheval du paysage, c'est la bonne bête, la bête plébéienne et rurale, camarade du bœuf, qui travaille comme lui, et comme lui fidèle compagnon de l'homme des champs. Allons au Louvre voir un cheval de cette nature, un cheval de Potter.

Il y a deux tableaux de Potter au Musée. Le premier, la *Prairie*, nous offre deux bœufs, l'un debout et l'autre couché et des moutons paissant. C'est une œuvre d'une réalité admirable ; mais l'idéal manque, et le paysage n'y répond pas : une maigre verdure sur un sol écorché, sans détails pittoresques ; un ciel épais, mat, d'un blanc lourd, sans profondeur, et sous lequel ces nobles bêtes doivent avoir peine à respirer. Mais je parle ici en particulier d'un autre tableau, plus petit, vrai diamant, des *Chevaux attachés à la porte d'une chaumière*. Pauvres haridelles, qu'elles sont bonnes à voir ! Le peintre ne les a pas flattées ; il ne les a pas surprises dans leur prospérité comme les hôtes vigoureux de la prairie ; mais que de sentiment, aussi bien que de réalité, dans leurs têtes baissées, leurs flancs amaigris, leur robe dont les vulgaires travaux ont compromis le lustre avec leur beauté déchue ! Ajoutez que dans ce tableau il y a de l'air, un vrai ciel ; au second plan, un paysan qui porte à boire à ses bêtes se détache dans la plaine, un village se montre à l'horizon. C'est simple, presque rien, mais c'est complet et le sentiment y respire : c'est un paysage.

IV

Les hôtes des bois, comme ceux de la vallée, ont bien aussi leur beauté pittoresque, appropriée à la partie de la nature qu'ils habitent. Remarquez d'abord qu'il y a dans les bois les cruels et les pacifiques, les tyrans et les victimes, tous également de couleur fauve, et qui semblent avoir été créés pour les retraites, pour les profondeurs des forêts. Avec sa longue échine, sa queue irritée, ses jambes maigres, ses oreilles droites, son œil sanglant, son museau allongé, ses dents aiguës, le loup, tyran lâche et cruel, est le dernier représentant de la férocité primitive dans les bois de nos climats tempérés. Le reste est doux, timide et fugitif.

Voyez tous ceux-là, et admirez la grâce particulière dont chacun d'eux a été revêtu par la nature. L'écureuil, qui bondit, et saute de branche en branche, s'ombrage de sa queue panachée et cueille avec tant d'adresse les fruits sauvages, est bien le plus charmant, le plus vivant ornement des grands arbres. Le lièvre, animal triste, et « que ronge la crainte, » semble, par sa couleur, être émané de la terre et du chaume dans le guéret où il court ; il s'abrite dans les taillis, tandis que, sous le gai rayon du soleil matinal, le lapin s'en va « parmi le thym et la rosée, trotter, brouter, faire tous ses tours » sur l'herbe verte, à la lisière du bois. D'autres bêtes, plus grandes et non moins timides, la biche, le chevreuil et le cerf, cachent au fond des grands bois leur sauvage liberté. Le cerf, avec sa longue ramure, est le vrai fils de la nature forestière. Qu'il est beau de le voir, quand il marche, paisible et fier, vers la source accoutumée qui luit dans la clairière loin des sentiers frayés !

Mais voilà que la forêt découvre ses vastes espaces, ses profondeurs reculées. C'est une chasse au cerf, genre de peinture assez spécial dans lequel pourtant le paysage doit prendre sa part. Oudry et Desportes, et après eux Jadin, notre contemporain, ne s'y trompent pas. Chez ces peintres le paysage est souvent fort beau. Desportes jette au milieu d'un vrai bois ses chiennes ardentes, à l'œil de feu, aux flancs qui palpitent et dont les muscles seraient aisément comptés. Cela se passe dans de beaux paysages où rien ne manque, ni le bocage, ni l'onde, ni le rayon piquant du soleil, à l'instant où il glisse et vient dorer la robe lustrée de l'animal qui s'élance.

Le cerf est poursuivi, on l'attend, il va succomber; à voir le superbe animal épuisé, perdu de fatigue et de douleur, ne pouvant plus avancer, dressant sa noble tête, pleurant et se résignant à mourir, il faut bien se sentir ému. Si j'étais en première ligne, et parmi les plus ardents chasseurs, je tâcherais qu'une balle maladroite atteignît, non pas la victime, mais le chef de la meute, dont la dent féroce va faire expier à l'infortuné son triple tort devant la force, à lui, malheureux, innocent et vaincu.

Dans les paysages de montagnes, avec les forêts de sapins qui tapissent leurs flancs, rien n'est aussi pittoresque, au grand sens de ce mot, rien n'est mieux en harmonie de forme avec cette nature alpestre que l'izar ou le chamois, quand, sur une crête élevée, sur un pic qui se dresse au-dessus du torrent, on aperçoit, les jambes grêles et écartées, le long cou tendu, la tête fixe et l'oreille dressée, le craintif animal écoutant avec inquiétude, réduit aux abois et reconnaissant trop tard l'approche du chasseur qui le poursuit.

V

Enfin les oiseaux, quel trésor inépuisable pour les paysages! Comme ceux-là appartiennent aux bocages, pour les peupler, les embellir, assortir avec eux d'une façon merveilleuse leur végétation animée! Depuis le peuple de la basse-cour jusqu'à celui des bois, tout est beau dans le règne des oiseaux, bien qu'à des degrés et sous des points de vue divers. Certes, l'humble basse-cour a ses richesses, je dis même au profit du paysagiste. Il y a l'aile du paon, celle du coq; puis les volatiles, oies et dindes, canes et poules, bonnes et naïves, sottes et discrètes personnes. Mais je me borne ici à l'oiseau qui peuple les bocages, enfant de l'air, si beau dans ses couleurs, dans son vol rapide, dans sa liberté.

Il est fort difficile au paysagiste de reproduire les oiseaux dans leur réalité vivante. Pour les peindre, il faut avoir surtout le sentiment du mouvement. A considérer ces petits corps si légers, si souples, si fermes, si pleins de ressort; ces ailes ouvertes ou prêtes à s'ouvrir, ces flancs si épanouis, si enlevés, on sent que le mouvement pour eux, c'est l'âme; que se mouvoir, c'est vivre. Telle apparaît la tournoyante hirondelle qui a sa patrie dans les champs de l'air. Ainsi la familière des blés, l'alouette matinale, décrit ses voltes et s'élève en droite ligne au soleil en pépiant. Le chardonneret sur l'arbuste épineux qui lui a donné son nom, la bergeronnette des bois, hochant sa queue diamantée, déployant le trésor de son plumage, piquant le grain, buvant et levant en l'air sa tête délicate; tant d'autres charmants hôtes du bocage offrent tous l'image sensible d'un mouvement que rien n'arrête, alors même que leur pied se repose.

La vie du paysage rustique se complète par l'insecte ailé, intermédiaire entre la fleur et l'oiseau : fleur mobile, le papillon effleure le calice de ses sœurs et les délaisse tour à tour; agitant au soleil son aile diaprée, il est l'emblème de l'âme qui désire, lui qui ne se pose jamais, et, fugitif, malgré les trésors qui le convient,

Retourne enfin au ciel chercher la volupté.

— Nature, nature, que vous êtes belle dans votre grandeur, dans votre simplicité, dans votre richesse éblouissante et variée! Depuis le vaste ciel qui vous environne comme une tente sacrée, jusqu'au brin d'herbe; depuis l'animal roi des pâturages jusqu'à l'humble papillon, vous formez une chaîne indéfinie de lumière et d'ombre, de réalité, de vie, de mouvement. Vous êtes la beauté, telle qu'il est au pouvoir de l'homme de la voir par ses yeux, de la goûter par son cœur. Mais, ô nature! Vous n'êtes pas toute chose, comme le panthéiste le croit; vous n'êtes belle que par l'idée que vous recélez. Vous n'êtes rien si vous n'êtes pas le vêtement de Dieu, si l'on ne voit pas sous votre voile la beauté souveraine et sans forme du Dieu vivant qui vous a créée.

CHAPITRE X

L'HOMME DANS LE PAYSAGE

I

L'homme a fait, jusqu'à un certain point, la nature à son image, et lui a donné quelque chose de sa propre grandeur, de sa prévoyance, de l'instinct de beauté qui est en lui; mais aussi, comme il a dû l'assujettir à ses besoins, il s'est attaché à combattre ses forces primitives, à la réduire au joug, à la captiver. De là un double caractère que nous trouvons dans la nature cultivée : elle est grande, parce qu'elle porte l'empreinte du génie qui l'exploite; et pourtant elle semble inférieure à elle-même en puissance, parce que ce génie, qui l'assujettit, n'a pu lui donner une partie de sa vertu qu'à la condition qu'elle se laisserait vaincre et consentirait à réprimer son essor.

C'est un grand sophisme que ces mots de Jean-Jacques Rousseau : « Tout est bien en sortant des mains de l'auteur des choses, tout dégénère entre les mains de l'homme. » La nature ne dégénère pas, elle s'accroît par la culture. L'homme l'améliore, lorsqu'il lui demande ce pain qu'elle ne doit prodiguer qu'à ses efforts; elle remonte à sa dignité première sous la main intelligente dont elle subit la loi.

Si quelqu'un disait que l'or et le diamant ont dégénéré en passant des entrailles de la terre entre les mains du joaillier ou du lapidaire, il dirait une chose hors de sens. De même, si l'homme n'avait pas imposé à la nature la loi de son travail, si une sauvage végétation couvrait cette terre aujourd'hui si fertile, faudrait-il s'en applaudir?

Il s'est fait un pacte mystique et primitif. Dieu, en donnant la terre à l'homme, a permis qu'il l'embellît, qu'il la transformât, toutefois en maintenant la configuration tracée par sa main suprême. Il était permis à l'homme de gouverner la végétation. Qu'a-t-il fait de ce pouvoir? Il a fait les vergers, les champs et les prés. Est-ce un tort?

C'est pourquoi l'homme est partout présent dans le paysage, lui qui a créé de nouveau par son art cette nature que Dieu lui a livrée. Oui, un paysage, pour intéresser, ne saurait se passer de la présence de l'homme. Au désert même il faut voir sa trace dans le sable, le sentier par où a passé la caravane. Les pyramides et les ruines de Thèbes sont des œuvres humaines, sublimes comme le désert lui-même, et qui lui donnent aux yeux de l'imagination sa grandeur morale et sa vertu. Dans les sites les plus tourmentés, parmi les hauteurs inaccessibles des Alpes, le paysagiste n'oublie pas l'homme, terrestre dominateur, qui marche toujours et jusqu'à ce que Dieu lui dise : *Huc usque;* il n'oublie pas ses grands vestiges, les sentiers qui tournent sur le flanc des monts au penchant des précipices, les ponts jetés entre deux crêtes sur l'abîme qui mugit. Il faut donc que toujours, dans le paysage de la nature et dans celui de l'art, l'homme se montre, d'abord en réalité par sa figure, puis par ses œuvres.

II

C'est une chose difficile que la représentation de la figure humaine dans le paysage. Comme ils sont le plus souvent épisodiques et qu'ils occupent dans la toile une place secondaire, ces petits personnages que les peintres ont coutume de placer dans les campagnes sont assez près d'être grotesques, s'ils ne sont pas composés avec esprit et un goût de dessin achevé. — Il y a d'abord le paysage classique, celui que l'on appelle de haut style, et dans lequel Poussin est le maître. On sait avec quel art accompli, chez ce grand peintre, les figures s'assortissent au poëme de dessin qu'il compose. *Diogène jetant la coupe; Eurydice atteinte par le reptile,* sont des modèles en ce genre. Les figures y sont admirables de mouvement et d'un idéal qui ne nuit en rien à la vérité. Il faut un grand talent pour la composition des paysages de haut style; le choix y entre pour beaucoup, l'imagination y prend une large carrière; mais il ne lui est pas permis de s'affranchir de la réalité. Il est nécessaire qu'il y ait une si grande pureté, tant de justesse dans la perspective aérienne, une si juste et si ferme délimitation des plans qui se succèdent et de l'horizon qui toujours recule ! Mais cela ne suffit pas ; à ces paysages surtout il faut le sens historique ; il faut que les personnages, loin d'être des natures arrangées et factices, possèdent la vie, trop souvent absente de telles compositions sous prétexte d'idéal.

Nous considérons plus volontiers ici les paysages d'un ordre moins ambitieux, du moins ceux qui représentent la vie usuelle, la nature telle que Dieu nous l'a faite et la répand le plus ordinairement sous nos yeux. Avant tout, il y a pour ces sortes de paysages, particulièrement en ce qui regarde les figures, un milieu qu'on doit saisir. D'une part, vous laisserez ces pâtres, ces gardeurs de troupeaux, dans la tradition de M. de Florian, qui avaient la bonté de mener paître les doux agneaux avec des paillettes aux robes et des rubans aux houlettes. Le peintre Boucher a pu se faire une gloire qui n'est pas éteinte avec ces sortes de conceptions. C'était le temps. Mais aussi vous ne tomberez pas dans l'excès contraire en nous donnant des rustres mal appris, sans beauté, tel que les préfère un imprudent réalisme, sacrifiant à une vérité qui n'est qu'un mensonge lorsqu'elle s'obstine à ne voir dans l'homme que son aspect le plus vulgaire. Dans son charmant roman de la *Mare au Diable*, madame George Sand, avec le sentiment de la nature qu'elle possède, a donné des types de personnages rustiques si choisis, si excellents, que la peinture ne saurait mieux faire que de s'en inspirer, quand il lui plaît de donner son sens entier et le complément de la vie à une nature d'ailleurs vivante, en y introduisant la figure de l'homme.

Du reste, ce talent de mettre des figures dans un tableau de paysage est assez spécial. Il y a des paysagistes de premier ordre qui n'y ont pas excellé. Le Lorrain descend difficilement à ce détail; ses personnages à lui sont assez généralement froids et lourds, et l'on sait qu'il empruntait volontiers pour cette branche un pinceau étranger. Au contraire, Berghem, dans ce genre, est le maître; il a là son estampille. Nul paysagiste n'établit une figure avec cette souplesse de forme, cette vérité de costume, d'allure, d'impression. Rien n'est heureux comme ses accortes paysannes, conduisant le bétail et devisant sur la route, quelque Perrette hollandaise, au tablier rouge, légère et court vêtue, portant sur sa tête la fraîche denrée qu'elle vendra au marché prochain. Cuyp fait aussi, lui, des figures d'une vraie perfection. Le dix-huitième siècle, en France, possédait également, il faut le dire, ce talent de placer des personnages parfaitement animés dans quelques-uns de ses paysages. Wateau, Lancret, Pater, seraient, à cet égard, bien charmants, si leur nature était moins de convention. Joseph Vernet, dans ses *Vues des ports de France* (œuvres d'un faire admirable), tempère la monotonie de ses programmes par les scènes épisodiques et la vivante population qu'il a jetée sur ses rivages.

Nous avons des paysagistes qui exécutent parfaitement les figures. Il est fâcheux pourtant que celui qui excelle entre tous par l'exécution des figures de genre n'ait pas été en même temps un paysagiste. M. Meissonnier compose ses petits personnages avec un art charmant, une pose naïve, un mouvement vrai, un dessin sévère et une riche couleur; mais ces admirables bonshommes sont isolés, simples monographies qui n'ont tout leur intérêt que dans la perfection du pinceau qui les a produites. Nous aimerions à voir de telles figures dans les paysages.

Les Hollandais, auxquels il faut toujours revenir, n'y manquaient pas. J'ai nommé sur ce point Berghem, Cuyp, Potter, Wouwermans pour les batailles. Chez ces vieux maîtres il n'y a pas de partie négligée, tout est vivant : l'homme, l'animal, la nature entière. Sous un rapport ces grands peintres pourraient être regardés comme réalistes; mais le sentiment qu'ils ont de la nature est exquis; de là leur goût de perfection et leur travail assidu pour la reproduire. Ils n'ignoraient pas que, dans cette nature, il n'y a rien qui n'ait sa valeur, sa vérité, rien qui n'ait droit à sa part de lumière; à plus forte raison lorsqu'il s'agit de ce qui est toujours le principal devoir du peintre, même dans le paysage, ou plutôt de ce qui est la condition de toute vie, dans l'art comme dans la nature, j'entends la présence de l'homme.

III

Mais ce n'est pas seulement par sa représentation, par son image, sa figure, que la présence de l'homme se fait sentir dans le paysage de la nature et dans celui de l'art. L'homme se montre dans les choses qu'il a produites, qu'il a cultivées, qu'il a transformées par son industrie; il se montre surtout dans les édifices, dans les diverses constructions qui l'abritent, selon les conditions de sa fortune, depuis la chaumière jusqu'au palais.

Le paysage de haut style a les palais, les fabriques, les ponts, les forteresses, les cités qui s'épanouissent sur le penchant des monts. On sait quel rôle joue l'architecture chez Poussin, et plus encore chez Claude. Mais nous autres, amis surtout des paysages de nature, ce que nous cherchons dans le paysage, ce n'est pas le palais, c'est l'humble toit, c'est le village, dont les maisons blanches s'éparpillent ou descendent en replis du haut de la colline jusque dans les profondeurs du vallon.

L'église élève la pointe de son clocher dans l'azur; à côté, les croix des tombes dans le champ consacré unissent l'idée de l'espérance à celle de la mort. Le village par lui-même a sa beauté; mais les épisodes, les motifs pittoresques, ne manquent pas. Par exemple, au bas de la colline, et un peu isolée, une porte est ouverte, on aperçoit l'intérieur d'une vieille cabane, dont les murs crépis et garnis, au sommet, de fleurs grimpantes, resplendissent de ce soleil que Decamps fait tomber avec tant d'art sur ces motifs qu'il aime. Là s'ébat le peuple mal ailé mais bien vivant de la basse-cour; une paysanne donne à la troupe avide le grain, avec la joie qu'elle-même, soucieuse ménagère, ne possède pas toujours.

D'autrefois c'est un paysage fort restreint, un simple bocage; le village même est absent; à travers les arbres un pauvre toit d'où la fumée sort, et l'on se dit : Il y a là des habitants, une famille autour du foyer rustique. En général, le paysage agreste est mélancolique; il raconte l'homme qui accomplit sa sentence, et gagne par la sueur du jour le droit de vivre ce jour même. Mais ne plaignons pas trop l'homme des champs, du moins par comparaison. Il est le premier-né de la nature : elle le soutient, le fortifie, lui donne sa force et sa vertu. Il ne demande pas l'inconnu, l'impossible ; loin de s'épuiser à dissimuler son indigence, il la montre aux quatre vents du ciel ; il n'a pas l'ambition du rien qui est la renommée, il ne sent pas la privation des trésors de l'intelligence, il ne demande pas les étoiles au ciel, il n'a ni les désirs ni les rêves.

IV

Les ruines aussi ne manquent jamais leur effet dans le paysage. La nature s'assortit à leurs tons sombres; l'austère feuillage du lierre les rajeunit, il s'incruste avec elles et la lumière étincelle de préférence sur leurs parois. Un exemple, à ce sujet, me vient à l'esprit, un tableau d'Asselyn, sous le simple titre de *Paysage*, au Louvre. C'était un de ces peintres, nés en Hollande, qui s'étaient faits italiens par le choix de leurs motifs, par la manière et par la couleur. Ici, en effet, c'est une ruine, une tour profilée en aigrette au flanc de la montagne. Une vapeur brûlante s'épand sur les créneaux, à travers les pierres disjointes de la ruine et sur les plantes agrestes qui la couronnent. Le soleil glisse sur la gorge qui se creuse au-dessous et sur la rampe de la montagne, autour de l'homme qui la gravit et va disparaître au tournant. C'est un paysage de grand soleil, de lumière d'or; mais la tour en ruines en est le point central et le principal motif.

Les belles ruines sont de plus en plus rares dans nos campagnes ; le temps les conserverait, mais les hommes sont prompts à les détruire; les vieilles pierres sont bonnes, et il les faut aux constructions nouvelles. Ruines des vieux châteaux, c'est donc à vous à céder au marteau des démolisseurs. Lorsque, chevauchant à travers la montueuse Auvergne, le voyageur rencontre soudain quelques débris de ces châteaux, ruines imposantes, fièrement posées sur le mont escarpé, quatre tours que des murs relient en carré, et le haut donjon central élevant sous l'ardent soleil sa tête découronnée, ce voyageur s'arrête; il contemple, il admire, il pense un peu aux dames et aux chevaliers qui peuplèrent ces retraites; il se rappelle les hommes de fer qui de cette aire féodale tombaient comme des vautours sur l'inoffensif passant de la plaine. Ou plutôt (car ces souvenirs d'histoire sont un peu passés de mode aujourd'hui, et avec assez de raison), à l'aspect de ces débris, de ces traces solennelles du passage du temps, on se préoccupe d'une pensée plus humaine, plus relative à tous, on rêve à la fuite des âges, à la rapidité avec laquelle s'écoule jusqu'au souvenir des temps évanouis.

CHAPITRE XI

AMOUR ET PAYSAGE

Ce n'est pas seulement à l'esprit que s'adresse le paysage, c'est encore, c'est surtout au cœur, où il suscite les meilleures passions. En présence du paysage offert par la nature, on aime, on admire, on a peur, on est triste, on adore, cortége de sentiments qui se succèdent bien promptement dans l'âme par l'effet même des objets extérieurs. C'est pourquoi il nous faut ici demander au paysage, non plus ce qu'il enseigne, mais ce qu'il fait sentir.

I

Le premier, le plus intime des sentiments, est l'amour. Que me disent ces solitudes, ces clairières au fond des bois, ces montagnes ardues, ces fuites lointaines qui invitent à s'égarer, si le sentiment de ma solitude me pèse et me tourmente ; si je suis seul dans ce désert, seul de pensée, seul de cœur, si je ne sais à qui me prendre et à qui verser le trop plein du sentiment intérieur qui m'anime? Mais aussi, lorsque je viens à peupler ces solitudes en y plaçant, par le souvenir ou l'espérance, l'être aimé, si je fais pénétrer l'amour dans cette nature qui me convie, alors le paysage prend une signification, alors il est un appel.

Le sentiment de l'amour plus ou moins distinct n'est guère séparable de l'aspect du paysage. L'azur du ciel, le cristal de l'eau qui se ride au zéphyr, le feuillage qui bruit, la fleur qui s'ouvre, le chant des oiseaux, ce monde de vie qui s'épanche et invite au bonheur, tout dans le paysage engage le cœur et remue dans ses retraites profondes un sentiment, vague peut-être, mais auquel on ne peut se tromper et qui est l'amour.

Ajoutez qu'il y a dans la gamme de l'amour des notes diverses, ayant chacune leur accord particulier avec les aspects également divers qui sont offerts par le paysage. La nature, lorsquelle s'éveille au matin, épanouie et souriante, est assez bien l'image de l'amour dans l'ardeur paisible des premières espérances. Les paysages que vivifient les flammes du midi expriment l'âme se consumant d'ardeurs enivrantes, comme celles que le soleil répand sur la plaine desséchée. Il y a aussi des amours mélancoliques et voilés, qui se complaisent aux charmantes émotions d'un beau soir ou qui demandent aux ombres étoilées d'une nuit sereine de verser dans l'âme inquiète sa douceur mystérieuse et sa rosée.

Enfin d'autres amours ont de sensibles analogies dans les divers accidents de la nature, à part ces phases successives de la journée. Ceux-là aiment la tristesse des ciels pluvieux; ils aiment les préludes, les accents de l'orage, symbole des troubles de l'âme que les passions ravagent jusqu'à ce que bientôt l'âme consternée se relève, comme la nature, au feu renaissant du soleil qui se dégage de la nuée et va luire.

Ainsi le paysage éveille les sentiments, et ils s'assortissent avec lui. J'avoue que ceci concerne surtout le paysage divin, la vraie, la grande nature, qui nous prévient, nous environne, nous captive, nous asservit, sans même que nous pensions, à ses influences. Mais, nous le savons, le paysage des peintres est un reflet de celui de Dieu; il faut, pour qu'il lui soit donné d'atteindre son but sérieux, que la contemplation de la nature ait ouvert chez l'artiste les sources du sentiment, et que l'artiste, à son tour, dans son œuvre vive, communique au spectateur une partie des émotions qui ont fait sa puissance.

II

L'amour chez les paysagistes, selon le temps et selon les écoles, est exprimé sous des points de vue très-divers. Dans l'antiquité grecque, ce sentiment, heureux et sensuel, était le fond de tout paysage. La mythologie avait introduit un souvenir d'amour, une déité d'amour, quelque nymphe dans toutes les parties de la nature champêtre. Le paysage italien de la renaissance est encore païen, et ses plus belles œuvres encadrent généralement des scènes de ce genre. Tels sont Corrége, Titien, et plus tard Albane, Guide, Dominiquin, Carrache, Mola, presque tous ceux de Bologne. Ce qui fait la beauté de tels paysages, ce qui fait accepter de pareils sujets, c'est qu'ils s'assortissent à la poésie tout extérieure de la riche nature où le goût antique aimait à les placer. L'amour mythologique, bien qu'il réponde à la partie moins haute de l'âme, et qu'il serve de point de départ à l'échelle des amours selon Platon, se trouve relevé, maintenu dans sa dignité par l'idéal de l'art, par le haut sentiment de la beauté, par le spiritualisme d'une forme chaste et contenue dans sa liberté même.

L'esprit alors s'incline sans péril à ces images de la vie heureuse, telle que la concevait l'antiquité. Il s'arrête un instant parmi les fleurs des prairies siciliennes ; mais il a hâte de monter un degré de plus et d'entrer dans la région où se rencontre, avec une nature moins bruyante, un rayonnement plus doux, un sentiment plus intime et plus vrai, quelque chose de plus pur et de plus choisi, ce qui constitue enfin la dignité la plus poétique de l'amour.

L'école française du dix-septième siècle exprime dans ses paysages le sentiment de l'amour avec une incomparable pureté. Poussin, plus que les autres, a marqué dans l'art la transition entre le sensualisme antique et le spiritualisme plus moderne introduit dans l'amour. Voyez l'*Arcadie*. Un paysage antique et simple, un plan unique, un fond de bocage et quelques beaux arbres qui se penchent sur un tombeau. Trois personnages seulement : deux bergers et une bergère, admirable celle-ci dans sa dignité drapée, dans sa grâce, dans sa beauté grecque. Qu'ont-ils ces bergers, et d'où vient l'ombre de tristesse qui passe sur leurs traits ? Ils lisent l'inscription d'un tombeau, *et in Arcadia ego*. Il y a là un sentiment exquis de l'inconstance du bonheur. « Livrez-vous à vos jeux, bergers, hâtez-vous, le jour fuit; comme vous j'aimai et je fus heureux dans ces bocages, comme moi vous passerez. » Ainsi le grand Poussin savait mettre, dans tous ses paysages de goût antique, à la fois le sentiment et la pensée ; il y plaçait l'amour, sinon dans ce qu'il a de plus pur, du moins dans ce qu'il a de plus tempéré, de mieux associé à l'idée, aussi bien qu'à la mélancolie sérieuse qui était une des hautes qualités de ce puissant et chaste génie.

III

La poésie de notre temps a assorti l'âme et la nature d'une façon plus intime qu'on ne l'avait fait jusqu'ici. Elle s'est élevée plus haut dans la peinture du pur amour, quand, parti des choses vulgaires, il monte insensiblement et de degré en degré jusqu'à Dieu, beauté suprême et dernier terme de l'amour. Nos meilleurs poëtes contemporains ont senti, ont exprimé ce rapport de la nature et de la passion. Lamartine surtout accorde merveilleusement le paysage avec l'amour ; il les unit par le lien d'un commun spiritualisme. Cette nature, à laquelle il associe l'être aimé, est pour lui une image de l'invisible. Toujours, dans sa conception, l'idéal dépasse le réel. Par delà le jour présent, par delà le lieu de la scène, on voit le temps, on pressent l'espace. Chez lui les amours de la terre n'ont pas en eux-mêmes leur dernier mot. Au bord du lac où deux amants sont assis, devant ces eaux dont le miroir réfléchit leur image, le poëte pense au temps qui entraîne, à l'océan des âges qui engloutit les jours; il sent trop bien qu'on ne saurait jeter l'ancre sur ces flots mobiles qui ne sont qu'un intermédiaire entre le ciel qui les environne et les profondeurs qu'ils recouvrent.

Ce sentiment élevé de l'amour dans son rapport avec le paysage, est un des caractères de la poésie de nos jours; elle a reconnu cette vérité, que la nature extérieure n'est rien pour l'intelligence si elle n'est pas l'expression de ce qui est dans l'âme. Je ne dis pas que le pinceau puisse, d'après les limites de sa nature, s'élever à ce spiritualisme éthéré. La chose même n'est pas à désirer peut-être ; le prétendre serait confondre les arts et ne pas reconnaître leurs bornes respectives. Mais il ne faut pas oublier que dans ce livre je m'inquiète surtout du paysage de la nature telle que Dieu nous l'a créée. Or toutes les passions, dans leurs nuances les plus diverses, trouvent assurément dans les mystérieuses retraites de la nature le miroir qui les reflète, l'accent qui répond à leur voix.

Sous ce rapport, la poésie est habile à tout saisir, à tout reproduire; rien ne saurait être pour elle trop intérieur et trop pénétrant. La peinture aussi peut y tendre, bien qu'avec plus de prudence, et l'on conçoit un pinceau capable de donner à la nature sensible, et sans rien ôter à sa vie positive, quelque chose d'assez relevé, d'assez senti pour qu'elle serve comme de reflet à l'idéal, de sorte qu'on y surprenne la source la plus limpide du haut amour pour lequel a été créé le cœur de l'homme.

IV

Croyez-vous donc que le sentiment de l'amour exalté et purifié, comme je viens de le dire, ne saurait pas s'élever encore et se confondre avec celui de l'adoration ? L'aspect de la nature, dans ses beautés sereines ou terribles, ne saurait-il conduire l'âme au seuil du sanctuaire, et faire qu'elle adore l'auteur de tant de merveilles? Soit que la nature ou le paysage qui la représente apparaisse, selon l'expression de Buffon, comme le trône extérieur de la magnificence de Dieu, éveillant en nous une admiration paisible, intérieure et jouissant d'elle-même ; ou bien que, par delà ces domaines déjà élevés de l'empire du beau, elle étale les scènes sublimes des régions alpestres ; soit que le sentiment qu'elle inspire ressemble au flot de la rivière argentée qui sillonne en paix la verte prairie, ou qu'il s'épanche de l'âme tumultueuse et rapide comme le torrent qui tombe des montagnes et entraîne les obstacles sur son passage ; soit que son idéal se concentre dans les paysages du Poussin et du Lorrain, ou qu'il appelle à lui les violentes émotions que reproduit le pinceau d'un Salvator : il faut toujours que la nature, aux divers degrés de sa beauté, suscite dans l'âme toute une chaîne de sentiments ; il faut qu'on aime, qu'on admire, qu'on s'effraye, il faut qu'on adore.

Il y a dans l'âme une projection vers l'infini ; le cœur y monte irrésistiblement, et c'est pourquoi les meilleurs sentiments, l'admiration et l'amour, aboutissent à leur dernier terme, qui est l'adoration. Les cieux annoncent la gloire de Dieu, et toute la nature chante au Seigneur. Le poëte que nous aimons à citer l'a bien compris ; l'homme, dit-il :

Prête, pour l'adorer, son âme à la nature.

Certes, les vrais paysagistes ont dû sentir quelque chose de cela. Sans s'en rendre compte, Claude Gelée adore; il célèbre dans sa peinture celui qui a revêtu le ciel des splendeurs du Midi. Van der Neer, répandant sur les images de la terre et des eaux la sereine lumière de l'astre des nuits, invite à chanter, comme Lamartine, l'hymne du soir. Quand Hobbema, ouvrant les profondeurs de la forêt, dilate aussi les solitudes du cœur, il se trouvait certainement sous l'influence d'un sentiment très-élevé et plus qu'esthétique, du sentiment de l'infini, qui, si on le soustrait à l'abstraction et aux rêveries panthéistiques, n'est autre chose que le sentiment même de Dieu. Le paysagiste peut bien ne pas analyser en lui de telles idées; mais il est sous leur empire, et je ne saurais admettre qu'il soit artiste de génie, ayant une intelligence suffisante de la nature, celui qui aborde cette nature pour la reproduire, sans adorer intérieurement l'être infini dont elle est l'œuvre.

Et maintenant demandez à une autre doctrine, sans souffle et sans aile, qu'on a appelée tour à tour matérialisme, naturalisme, sensualisme et enfin réalisme, comment de tels sentiments ont pu avoir lieu dans l'âme; comment un simple résultat du pinceau peut faire aimer, admirer et adorer, si ce n'est que, par delà l'imitation de la nature, il y a quelque chose de supérieur à ce point de départ, quelque chose qui est la pensée, qui est l'idéal. Ce qui est exposé ici n'est pas nouveau vraiment ; sans remonter à Platon, c'est la doctrine que proclamait Michel-Ange, lorsque, reconnaissant qu'il n'a rien pu par lui seul, et qu'il a puisé sa vertu dans sa constante fréquentation de l'idéal, le sublime Florentin, si réaliste pourtant à beaucoup d'égards, déclare, dans un sonnet recueilli par la postérité, que la main ne fait rien qu'obéir, non pas au modèle qui est sous les yeux, mais, comme il le dit, à un modèle divin visible seulement à l'intelligence.

La manò ubbidisce all' intelletto.

CHAPITRE XII

LE PAYSAGE ET L'AME TRISTE

I

Le cœur n'est pas toujours disposé aux sentiments exaltés ; souvent, sans être agité d'aucune passion présente, il flotte, il s'inquiète, il s'attriste, il s'ennuie, il rêve, il aspire. A sa tristesse alors il est besoin de points de vue particuliers, de paysages qui ne soient pas ceux de la foule, de retraites inconnues, de sombres enfoncements loin des routes frayées. La beauté qu'il demande, ce n'est pas l'éclatante beauté des sites classiques, ni celle que présente une nature violente et sauvage, mais une beauté intime et discrète, l'ombre du bocage et ses mystérieuses profondeurs. Donnez à l'âme blessée des soleils voilés, des ciels tristes, les heures du crépuscule ; donnez-lui Hobbema et Ruysdaël.

Je ne me lasse guère de parler de ces peintres, de ces poëtes, et de revenir sur leur idéal propre. Les paysages de Ruysdaël sont familiers au souvenir, chacun les a fréquentés et en tous pays, tant au fond ils se composent de ce qu'il y a de plus élémentaire, de plus simple dans la création. Une nature légèrement ombreuse et agitée par le vent d'automne, un ciel aux tons gris, les tièdes rayons de l'astre du jour qui courent en traînée rapide sur la verdure, quelque rayon furtif échappé d'un nuage orageux, qui sillonne le champ et éclaire le bois ; un peu d'eau, de verdure, un buisson sur lequel se pose l'oiseau, un torrent dans le ravin, une fleur qui luit dans l'herbe : tels sont les éléments dont se compose une œuvre de Ruysdaël. Prenons au hasard, sur les six qui sont au Louvre, sous le simple titre de *Paysage*, le n° 172. Entrez, et rêvant suivez le sentier qui s'offre à vous. Un chemin montant, un buisson, quelques arbres, des héritages séparés par des planches, plus loin un village, un ciel d'une lumière tempérée, un ruisseau qui fuit, grossi par l'orage sous les fourrés épais; un bateau désert arrêté à une anse, puis le coup de vent qui effleure l'onde et court en longs frémissements le long des arbres qui peuplent le vallon. — Tout cela n'est rien, mais vraiment c'est tout; car sous cette réalité commune, universelle, se recèlent la rêverie, la douce tristesse, la pensée recueillie en soi, sentiments indistincts qui attendrissent l'âme et la captivent.

Hobbema complète Ruysdaël; il en a le sentiment et parfois l'expression touchante. On peut en juger par la *Forêt* que nous avons au Musée, forêt profonde en effet, végétation forte, chênes rugueux et dépouillés de leur écorce, une clairière dans le bois, un chemin fuyant qui mène à des retraites plus sombres, où se trouve une pauvre famille de bûcheron. Tout cela avec ces tons mélancoliques des peintres, des poëtes que l'on aime et qui font rêver.

Voilà les paysages qui, dans la nature d'abord, puis chez ces maîtres, sont plus que les autres en harmonie avec l'âme triste. La mélancolie, cette douleur sans cause déterminée, qui n'est ni celle qui consume ni celle qui déchire, est dans l'âme un sentiment réel, et qui ne manque pas de quelque douceur; il tient aux racines de l'âme rêveuse et méditative, et porte surtout sur un fond moral, sur le soupçon intime et pénétrant de l'insuffisance de la vie, de la fragilité du bonheur, sur la pensée vague, indistincte, de l'infini dont le cœur a le pressentiment. C'est pourquoi les paysages (et il s'agit ici particulièrement de ceux de la nature), tels que nous venons de les décrire, sont ceux que l'on préfère avec une pareille disposition d'âme; on oublie de les admirer, on les aime; car c'est là, parmi cette nature engageante et voilée, que le cœur blessé s'abrite et cherche son refuge.

Et pourtant le paysage classique, celui de Poussin, celui de Claude, les ciels d'Italie, les lignes profondes, vides, harmonieuses; les horizons vastes, les ruines sur les monts, le large fleuve qui fuit derrière les collines arrondies, un peuple heureux dans l'heureuse nature, le soleil enfin, flambeau sacré de ces régions choisies qu'il enchante et qu'il fertilise, ont une beauté plus éminente et qui répond plus complétement à l'idéal de l'art. Seulement le paysage qui se compose de tels éléments n'a rien à démêler avec les mystères intérieurs et tout personnels d'un cœur épris de la solitude ou qui se nourrit de secrètes amertumes. On ne s'empare pas pour soi seul d'un tableau de Claude pour y cacher ses soupirs et ses rêves ; il n'y a rien là où l'on puisse s'égarer. La grande peinture des maîtres classiques est le trésor de tous; elle est impersonnelle, elle s'empare des puissances les plus sérieuses de l'âme, elle ouvre le banquet, et tous sont conviés.

Les peintres hollandais n'appellent que vous, vous en particulier qui voulez pleurer ou rêver. De même que, dans leurs tableaux de genre, ils ont préféré la vie humaine dans sa vulgarité naïve à la vie héroïque, de même aussi dans le paysage ont-ils choisi des motifs plus humbles, des coins moins souvent soulevés du voile de la nature. Ces peintres, sans chercher la poésie, et en paraissant délaisser l'idéal pour le réel, l'ont trouvé pourtant, cet idéal; ils ont rencontré la poésie, ils ont pénétré dans les retraites de l'âme et suscité entre toutes la note mystérieuse de son grand clavier; mais cette note n'est pas la plus haute.

II

Je viens d'opposer l'un à l'autre Claude Lorrain et Ruysdaël; prenant ces deux peintres comme le double symbole d'une double disposition de l'âme, j'ai vu d'une part la tendance à l'individualité, aux sentiments personnels, et d'autre part le mouvement de l'âme qui, s'attachant à la beauté en elle-même, tend à l'idéal. Faudrait-il maintenant se demander lequel de ces deux peintres est supérieur à l'autre, ou plutôt laquelle de ces deux dispositions qu'ils représentent est plus relevée dans la hiérarchie des sentiments moraux, du moins au point de vue de l'art et de la beauté?

Puisque cette question se présente, il faut la résoudre et reconnaître sans hésiter que l'avantage est pour Claude sur Ruysdaël; qu'en d'autres termes, et en dehors de tels rapprochements, assez contestables d'ailleurs, entre deux grands peintres, l'avantage doit rester à l'énergique sentiment du beau sur l'aspiration vague et sur le rêve.

En effet, s'il faut faire à la nature humaine une

juste concession, si la rêverie est un élément qui a ses droits, s'il faut nécessairement que le cœur s'épanche, si la nature et les arts ont des parties voilées dans lesquelles l'âme triste trouve son expression, il n'en est pas mons vraï qu'un tel ordre de beautés ne saurait être que l'exception, et que là n'est pas le plus haut degré de la beauté. La tristesse ne saurait être ni dans la nature, ni dans l'art, ni dans le cœur de l'homme à l'état normal. Le caractère le plus élevé de la beauté est de resplendir; Dieu a voulu que l'homme, autant qu'il serait possible à ses yeux mortels, s'attachât à ce caractère suprême de la beauté. L'homme est créé pour agir, non pour rêver. Le travail, les vertus, les passions généreuses, ne vont pas sans cette allégresse, cette aile légère (*ala acris*) qui emporte l'âme et la soutient dans la lutte incessante qui est le secret de la vie morale et de la condition d'ici-bas.

Si l'action est au-dessus du rêve, si les amères voluptés de l'âme triste sont de beaucoup inférieures, en dignité du moins, à l'austère plaisir produit par le mouvement de la pensée, l'accomplissement du devoir, l'infatigable poursuite de la vérité et du beau, il faut donc croire aussi que la grande nature et la grande poésie sont préférables pour l'âme à ces coins aimables et plus souvent recherchés où la nature et l'art convient quelque âme faible, inhabile à s'élever, à se soutenir dans une région plus haute.

Le penchant à la rêverie n'est pas favorable autant qu'on le croit à la juste appréciation du beau dans la nature ou dans l'art. Elle a de feintes douceurs, elle a aussi ses caprices, et ne vient pas toujours à qui la cherche. Alors elle offusque l'esprit, elle y répand d'épais nuages ; loin d'exciter l'âme, elle l'affaisse, elle lui ôte sa lumière, sa force et sa vertu.

Celui qui s'est donné à cette mélancolie, que l'on peut appeler byronienne, du nom du poëte qui l'a trop bien reproduite dans ce qu'elle a d'amer, de cruel, de malsain pour l'âme, ne sait plus s'en déprendre; il a le dégoût de toute chose, le sentiment des longues heures, l'inaptitude à la vie, à l'amour même de ce qui est beau. Que font à cette âme blessée les charmes de la solitude, les beautés d'une nature ou voilée ou splendide ? Impatient des murs qui vous captivent, en vain vous direz : *O! ubi campi!* Croyez-vous qu'il n'y aura rien dans ces beaux aspects qui vous lasse ou soit en désaccord avec la situation de votre cœur? Défendrez-vous l'accès aux souvenirs qui poursuivent, aux idées qui s'associent et qui obsèdent, aux rébellions de la pensée qui troublent l'esprit et empêchent le flot intérieur de couler à son gré, enfin à ce démon de la pensée, *demon thougt*, comme s'exprime quelque part l'auteur de *Childe Harold*? Il faut que le cœur soit monté comme un instrument docile, harmonieux et bien réglé, pour faire sa partie dans ce concert de la nature; qu'il gazouille sa joie avec les oiseaux, qu'il soit limpide et sans trouble comme le ruisseau, clair comme le ciel d'azur qui vous environne. En vain vous demanderez un asile aux frais bocages et aux retraites ombreuses; si le souci connaît le chemin de votre cœur, il saura bien vous retrouver dans votre abri le plus reculé. Après quelques instants passés sous le charme, le froid saura se glisser et vous saisir. Et alors, vous aurez beau vous en défendre, la note dominante qui sortira pour vous de ce vaste concert s'appellera d'un nom fatal: ennui!

C'est pourquoi, en matière de paysage, c'est la beauté, la vraie beauté dans sa splendeur et telle qu'elle luit pour tous, qu'il faut préférer. Le cœur n'est pas fait pour l'ombre; appuyé sur l'espérance, il aspire à la lumière. Il y a sans doute une tristesse religieuse légitime qui prend sa source dans les douleurs trop réelles de l'humanité et dans le sentiment de l'impuissance du bonheur; celle-là ne saurait se confondre avec la sombre mélancolie des âmes qui demandent à la terre ce que Dieu n'y a pas mis pour elles; loin de briser l'essor de l'âme, elle l'exalte et la fortifie. Mais hors de là, dans le domaine de l'art, il faut tendre aux régions les plus hautes. Les vrais artistes, ceux qui sont immortels, ne s'égarent point dans les routes secrètes qui n'aboutissent pas à la vie. Claude et Poussin sont les plus grands des paysagistes, parce que, délaissant les lueurs incertaines qui séduisent l'âme isolée, ils montent à l'universel, à l'idéal, et vous appellent sur leurs pas dans l'éther divin où règne la beauté. Heureux donc les voyageurs de la vie à qui leur destinée a donné le cœur serein, l'âme paisible et apte à jouir, les conditions de la vie heureuse, et qui, maîtres d'eux-mêmes et mettant leur volonté jusque dans leur sentiment, savent aimer la puissante nature, les champs et les grands bois sous le soleil !

CHAPITRE XIII

LA LIGNE

Qu'est-ce que la ligne dans la nature? La ligne géométrique, la ligne en soi est-elle quelque chose de réel ou n'est-elle pas une abstraction que nul instrument de précision ne saurait réaliser? Cet idéal impossible à fixer n'est pas un objet qui puisse être poursuivi par le peintre. Ce qu'il cherche, c'est la ligne réelle et perceptible, la ligne pittoresque qui consiste dans l'exacte délimitation des objets qui tombent sous l'exercice des sens. Or la ligne ainsi conçue a deux formes : elle est droite, elle est courbe. La nature, qui procède avec une merveilleuse simplicité, n'a que ces deux lignes pour suffire à l'infinie multiplicité de ces formes dont l'univers est composé. C'est avec les combinaisons sans nombre de la droite et de la courbe que l'éternel architecte a produit la géométrie vivante de l'univers créé.

Si la ligne n'existait pas, s'il n'y avait que l'espace infini, sans distinction de corps, de formes, d'objets divers, on ne connaîtrait l'existence de rien. L'espace serait-il vide, serait-il plein ? Cela importe peu, puisque le vide et le plein seraient également l'unité absolue. Pour que l'existence des choses aît eu lieu, il a fallu que l'espace fût en quelque sorte découpé par des lignes entre lesquelles le Créateur a placé la diversité des objets créés. La ligne, dans l'œuvre divine, est la configuration primordiale des objets.

I

Il y a deux lignes et il n'y en a que deux, la droite et la courbe; or, dans la symbolique de l'univers visible, dans laquelle toute chose physique s'explique par une idée morale, la ligne droite a un sens; quel est-il?

Si l'on interroge la plupart des langues, on les trouvera d'accord pour représenter sous l'image de la ligne droite l'idée morale de l'ordre, du juste, du vrai : un jugement droit, une âme droite, *recta ratio*, selon les Romains, τὸ κατόρθωμα, disaient les Grecs; et l'Écriture sainte, mieux encore : *Rectum coram Domino*, le droit devant Dieu[1].

En s'élevant au plus haut degré dans la conception idéale de la ligne droite, on trouve donc qu'elle est le symbole de l'unité. Considérée dans sa réalité et à part de toute conception panthéistique, la ligne droite est une forme toujours la même et capable de s'étendre à l'indéfini. Dans son application à la nature créée, au paysage, la ligne, et en particulier la ligne droite, est donc le point de départ de tout, la nécessité première, puisqu'elle correspond à l'unité sans laquelle nulle diversité ne saurait exister. L'unité est la loi la plus générale de toutes les natures, elle est aussi celle des arts; si elle n'est pas la loi unique, elle est la première et la plus haute. Il est impossible de se re-

[1] IV *Reg*, 12, 2.

présenter l'univers autrement que comme un tout ordonné par une sagesse infinie et soumis à l'unité d'une loi qui est celle même du Créateur. Quand l'éternel géomètre, appelant l'univers du néant, ordonnait à ces mondes de rouler dans leurs orbites, l'unité était là présidant à l'œuvre sacrée. Elle était, selon saint Augustin, l'art du Créateur; les anciens aussi l'avaient bien comprise, quand ils parlaient de l'harmonie musicale des sphères et donnaient à l'univers le nom même de l'ordre.

Qu'on examine un paysage de la nature, de ceux du moins que l'on admire et qui contiennent le beau. Le sentiment le plus élevé, le plus général, qui naîtra, sera celui de l'unité, souveraine et assujettissant toute multiplicité à sa loi. La ligne droite, en peinture, n'est pas seulement le symbole de l'unité, elle est encore ce qui la constitue; c'est par la ligne que l'unité devient sensible, qu'elle est pittoresque. Dans le paysage, c'est elle qui forme l'horizon, sillonne le ciel, marque les plans, détache les motifs principaux et leurs accessoires, détermine la mesure et les proportions. Cela est vrai surtout s'il s'agit des paysages classiques du haut style, dans Poussin surtout, qui en est le modèle incomparable. Là, tout se ramène à l'unité; et, si l'on y regarde de près, c'est la ligne, et particulièrement la ligne droite, horizontale ou verticale, en tant qu'elle soumet toutes les courbes à sa discipline, qui constitue cette unité, qui la crée, qui oblige à reconnaître les grands aspects, le ciel, la plaine, l'océan, les hauteurs, les plans qui se succèdent et naissent les uns des autres, tout ce qui, dans le paysage, fait concevoir l'harmonie, l'infini, l'idéal; à l'unité enfin, principe suprême, il est nécessaire que toute diversité se subordonne chez l'artiste qui porte en lui la conscience du beau pittoresque.

II

La ligne courbe est le symbole de la variété. Celle-ci est la seconde loi de la nature; elle complète la forme; sans elle l'œuvre de beauté serait inaccessible, du moins à la pleine perception de l'esprit. Mais le beau ne saurait être l'objet de l'unique intelligence; il parle aussi au sentiment, et il ne peut le faire que par la variété, c'est-à-dire, en fait, par la ligne courbe dans les mouvements insensibles autant que multipliés de son inflexion.

La variété! elle est partout, en toute nature; dans les bois, dans les champs, dans les prés émaillés, sur les montagnes accidentées et même dans les hautes plaines du ciel, grandes lignes où l'unité règne plus qu'ailleurs. Si les Grecs, par leur κόσμοσ, ont identifié l'idée de l'univers à celle de l'ordre, les Romains ont mieux dit encore en trouvant le mot *universus*, qui est l'expression du tout considéré comme le type et la vivante représentation de la variété dans l'unité. Aplanissez ces collines, comblez ces vallées; que l'œil se fourvoie sur une plaine aride et nue; effacez dans la nature les lignes harmonieuses qui multiplient les accidents et donnent la vie, l'expression, le mouvement; ne laissez que la droite inflexible ou l'angle, symbole de l'unité brisée, mais qui n'est pas assouplie par la variété, par la courbe; dites alors s'il restera un spectacle à saisir, à contempler, et ce que vous éprouverez, perdu dans cette unité insaisissable, où nul point de repos ne sert de soutien à votre faiblesse.

Le monde change, il se renouvelle à chaque

point de la durée; rien ne meurt, rien ne s'éteint; tout se dissout et tout change. Les molécules de la matière, douées d'une cohésion qui semble invincible, ne cessent de s'écouler; tour à tour déliées et refondues en de nouvelles formes, elles roulent par l'univers le fleuve de la vie organisée. Voilà pour la nature physique; la variété est la loi de son développement. La même chose peut se dire de la nature morale. Variables par nos sens, nous ne nous séparons du reste de la nature que par les différences corporelles qui nous constituent extérieurement; mais, au fond, c'est le même principe commun à tous, l'élément matériel. La variété est plus grande, elle est aussi plus essentielle dans l'ordre des sentiments. Flux et reflux d'émotions passionnées, théâtre de courtes joies et de douleurs renaissantes, la variété est pour nous une loi de tous les instants. Si l'unité se montre dans la raison, la passion est toute variété; or quel rôle ne joue pas la passion dans l'homme! On peut dire qu'elle est le tissu, au moins extérieur, dont est faite notre vie morale; elle est le point de départ de l'homme s'ouvrant à la vie, même physique; car l'homme, n'exerçant l'intelligence que sous l'enveloppe sensible, il est dans sa nature de pleurer et de sourire avant de comprendre et de penser.

Si l'on la considère dans l'art, la variété est donc aussi un principe fondamental. Aliment inépuisable de l'imagination (faculté en grande partie sensitive, et qui par elle-même ne saurait guère s'élever à l'unité), elle est la condition essentielle de la beauté descendue dans les formes visibles, de la beauté réalisée par l'art. A la variété, représentée par la courbe justement appelée la ligne de grâce, se subordonnent dans l'art, dans le paysage en particulier, les qualités exquises, la mélodie, l'élégance, le mouvement.

Si maintenant, élevant encore plus haut les formules, on met en parallèle l'unité et la variété symbolisées par la ligne droite et la ligne courbe, on reconnaît qu'en esthétique comme en tout le reste, à ces deux lois se rapportent bon nombre d'assimilations contrastantes de la plus haute portée, le visible et l'invisible, le réel et l'idéal, le mouvement et le repos, le fini et l'infini, antithèses diverses qui, au fond, n'en sont qu'une seule et toujours la même, à laquelle il faut bien admettre que tout se ramène, et par laquelle tout s'explique sur la terre et au ciel.

Schiller, dans sa dissertation sur le sublime, a exposé cela supérieurement. Il remarque que tout l'homme est satisfait par l'accord de l'unité et de la variété, l'homme rationnel et l'homme sensible ; or la beauté correspond à tout l'homme. La poésie est belle parce qu'elle unit les deux mondes; qu'elle fait apparaître à nos regards l'infini dans le fini; qu'elle révèle en même temps l'un et l'autre par la diversité et par l'accord des lignes, accord et diversité d'où résulte, sous la loi suprême de l'unité, la multiplicité des formes dont la nature est peuplée.

III

La ligne ainsi conçue dans sa double forme, comme étant le signe d'une double loi de la nature et de l'un et de l'autre élément dont se compose la beauté visible, est donc d'un bien haut prix dans l'art. En elle est la vertu du dessin. Si la ligne est à la fois ferme et flexible, précise et mouvementée; si elle est austère et pourtant expressive, le dessin est sûr, il est beau, il supplée à ce qui n'est pas lui; il fait comprendre et pressentir au delà de ce qu'il donne. Au contraire, si le dessin manque, c'est-à-dire si la ligne est fausse, inexacte, indécise, sans fermeté, sans proportion, sans justesse, les meilleures qualités, celles de la couleur, ne sauraient en aucune sorte remplacer ce qui est absent. Un tableau sans dessin peut faire quelque tapage, du moins une certaine figure par la couleur ou la conception; il n'a pas la vraie vie, car il lui manque la parole et l'expression.

Aussi a-t-on toujours regardé qu'il y a dans le tracé du crayon, dans quelques lignes droites et courbes, mais assorties, un art infini qui seul décèle et justifie la célébrité des plus grands maîtres. Raphaël, Michel-Ange, André del Sarte et bien d'autres ont, dans leurs plus simples dessins, quelque chose qui ravit, qui pénètre au fond de l'âme, et laisse comprendre ce que serait l'œuvre achevée; c'est que, par sa vertu seule, sans même que l'artiste y pense ou y mette son effort, la ligne n'a qu'un but, celui de rendre une pensée, un sentiment, et de s'approcher le plus près possible de l'idéal.

Toutefois là aussi il y a l'excès à craindre ; il faut redouter la sécheresse qui n'a pas le langage, parce qu'elle n'a pas le sentiment ; l'extrême fini qui s'exhale en vapeur stérile et ne saurait rien produire qui soit de nature à faire sentir, à faire penser. Dans ce cas, ce n'est plus le juste spiritualisme, sachant son essor et sa limite ; c'est l'idéalisme vague, qui se dissipe et se perd, cherchant en vain l'idéal, et incapable d'atteindre ni la forme ni la vérité. Puis, quelle que soit la valeur du dessin, il n'est pas tout; après lui, une grande carrière est ouverte. En effet, si la ligne courbe est le symbole de la variété, elle n'en donne que le commencement; elle trace la forme dans ses contours, mais non dans ses reliefs. Pour achever de contenir la vie, l'œuvre tracée demande ce qui la fera palpiter, ce qui comblera le vide, ce qui jettera entre les lignes le corps substantiel et vivant. Pour cet autre prodige, il faut ce qui a été appelé la magie du pinceau. La ligne, pour vivre, appelle la lumière, elle attend la couleur.

CHAPITRE XIV

LA COULEUR

I

La couleur a, comme tout au reste dans la nature, sa double destination d'utilité et de beauté. Indispensable à la vision, à la perception de tout ce qui existe, elle est aussi la condition absolue par laquelle il est permis à la beauté de se produire.

Qu'est-ce que la couleur prise dans la nature? A la définir exactement et selon l'Académie, elle est l'impression que fait sur l'œil la lumière réfléchie par les corps. Ainsi la couleur ne serait pas une réalité inhérente aux objets, mais bien un fait subjectif, un phénomène personnel, l'impression, la simple manifestation de la lumière en nous. Par elle-même, la lumière est incolore; selon les divers accidents de la répercussion, elle produit sur l'organisme visuel des effets divers qui sont les couleurs. Voilà, du moins il nous semble, le sens et le résultat de la définition. Quant à la vérité de cette doctrine, à la question de savoir si la couleur est inhérente au corps ou bien si elle n'est qu'un simple résultat de l'impression causée en nous par le corps dans son rapport avec la lumière, c'est là une question de physique et dont la solution ne saurait nous appartenir. Une seule chose ici est à constater, c'est que, sans la couleur, la lumière, première création de Dieu, serait comme n'étant pas; nous n'en aurions pas la perception; s'il n'y avait qu'une couleur, aucun objet ne serait perceptible, rien ne pourrait se détacher et apparaître dans l'espace. Une ligne blanche, par exemple, ne saurait être tracée sur un fond blanc, si la nuance est la même. Admettez une seule couleur, il n'y en a pas. C'est pourquoi la couleur, au point de vue du pittoresque, peut sembler justement définie, si on la regarde comme la manifestation des objets dans la lumière.

Mais, comme je le disais, la couleur n'est pas seulement nécessaire; la sagesse de Dieu, non contente d'avoir fait de la lumière colorée le moyen indispensable de la vision, a voulu qu'elle fût aussi un luxe admirable dans la création. Par la couleur, la nature nous montre la beauté des choses; si cette nature offre une apparence de la gloire divine et semble revêtir l'invisible, elle le doit à la variété, à la magie de la couleur.

Que cela est beau, et combien est merveilleuse l'invention de la couleur dans l'œuvre de Dieu! Après avoir allumé, entre tous les soleils, celui qui est le nôtre, et qui règne dans cet univers, il en a fait le dispensateur de sa clarté. En douant la lumière de la diversité des couleurs, il a voulu que, par là, les objets fussent discernés, séparés les uns des autres, établis chacun en leur lieu dans l'espace; ainsi a-t-il déterminé les plans plus ou moins reculés, et mis aux bornes du regard le vaste horizon. De ce soleil, foyer sublime où elle subsiste sans s'épuiser, la lumière est descendue en torrents gradués; elle a ruisselé sur notre monde plus ou moins éclatante et voilée, donnant aux objets leur vêtement mobile et varié, sans lequel rien de ce qui est ne serait saisissable à la perception de l'homme, sans lequel rien de ce qui est beau ne serait aperçu comme tel par son intelligence; or ce vêtement qui donne la lumière aux objets, c'est la couleur.

II

Prenons l'échelle des couleurs, pour les envisager l'une après l'autre dans leur destination, en ayant soin de ne pas oublier le sens symbolique et moral qui leur appartient. On admet une gamme de sept couleurs, à peu près l'octave musical, gamme essentiellement chromatique, qui a ses teintes, ses nuances, ses demi-tons, ses quarts de ton, une multitude de dégradations insaisissables, mais réelles. Avec ces sept couleurs, mélangées, fondues, tempérées; avec leurs nuances changeantes, fugitives et renaissantes, ondoyantes, symétriques ou capricieuses, consonnantes ou dissonnantes, la nature forme le concert de lumière avec lequel elle chante sa gloire et produit toutes les beautés dont la terre et le ciel offrent la splendeur.

— En premier lieu, il faut placer le rouge, qui est, à le considérer dans ses trois tons principaux (le rose, le pourpre et l'écarlate), la couleur éminente, la couleur de beauté. Le rouge se montre au ciel dans ses tons divers et par rapides accidents. Dans le repos de la nature, ce sont des nuages roses qui brillent dans l'azur, et voilent, sans les arrêter, les rayons du soleil. Quand l'orage trouble l'atmosphère, l'éclair jaillit en flamme, et la foudre tombe en carreaux rouges, *dextrâ rubente jaculatus arces*. Le rouge domine dans les fleurs qui sont l'aimable parure du printemps; dans sa teinte la plus délicate, il a donné son nom à leur reine. Chez l'homme, il court en ruisseaux dans ses veines où il porte la vie, et il donne à la figure la beauté mobile, la pudeur et l'expression. Le pourpre, enfin, qui est le ton le plus grave du rouge, porte en lui une si grande dignité, que les hommes, frappés de ce caractère, en ont fait le symbole de la grandeur souveraine, et ont voulu qu'il rehaussât de la majesté qui lui est propre le manteau des rois.

— Le violet peut être regardé comme une dégradation du rouge et du bleu; il est beau dans sa transparence, dans son aspect paisible et légèrement voilé. La nature n'a pas prodigué le violet; il ne paraît guère dans l'atmosphère que par des accidents rapides et fortuits. Sur la terre, il revêt quelques fleurs, surtout la fleur modeste, celle qui du sein de l'herbe ne se révèle que par son parfum. L'humble violette, comme la couleur même qui lui a donné son nom, a toujours été prise pour l'emblème du mérite caché qui se manifeste par ses vertus discrètes et par sa vie dérobée à l'éclat du jour.

— Au bleu, sous le nom d'azur, appartient la décoration du ciel qui nous environne. Que la nature est belle quand son ciel a revêtu sa robe de bleu pur, et comme le regard se plonge sous cette voûte impalpable, subtile, profonde et en même temps radieuse! A la surface de la terre le bleu revêt un bon nombre de fleurs aimées. Chez l'homme, il apparaît dans la plus noble partie de son visage, dans les yeux auxquels il donne l'expression la meilleure, la douceur et l'aspiration au ciel. Partout où le bleu se montre, il semble qu'il soit un reflet de l'azur céleste. Ce ciel visible lui-même, s'il peut être regardé comme le symbole de l'invisible, c'est quand il se montre revêtu d'azur; du moins, pour sentir naître l'inspiration en regardant le ciel, faut-il qu'il en soit ainsi; autrement quelque chose manque au regard de l'âme, et l'aile ne monte pas. Les peintres chrétiens des anciens âges le savaient bien. Tout est bleu dans les fonds de paysage qui ornent les tableaux sacrés de la première manière de Raphaël. Fiesole et les Ombriens donnent à leurs anges des ailes d'or et des robes bleues parsemées d'étoiles. Et quel bleu? une couleur sans doute dérobée au ciel[1]. Le monde, comme on le sait, donne à chaque couleur sa signification; or, par un sentiment instinctif, la beauté virginale, quand elle est douée de bon goût, laisse le rose, expression d'une grâce plus légère; elle préfère le bleu, qu'elle associe au blanc, et voit dans l'une et l'autre couleur l'expression de la pureté sainte qui, du ciel, se réfléchit dans les cœurs choisis.

— Le ciel a le bleu, la terre a le vert. C'est le vert,

[1] Voir, au Musée, le *Triomphe de la Vierge*, et les vignettes qui l'entourent.

diapré d'autres couleurs, qui revêt dans sa généralité le sein maternel de la terre. Robe admirable que le vert, soit qu'il s'étende en nappes sur la riche surface, soit qu'il couvre les arbres des vergers et des bois. Toute la nature au printemps est enveloppée d'un tissu vert; mais que de nuances sans nombre dans cette couleur! Chaque végétal a la sienne, qui n'est identiquement celle d'aucune autre; et ces nuances elles-mêmes diffèrent dans les individus d'une même espèce, selon l'âge, la saison, les accidents de la lumière et l'heure du jour. C'est à bon droit que les hommes ont fait du vert et du printemps, qui est sa meilleure saison, le symbole de l'espérance. Ce n'est pas, en effet, quand elle s'est couverte de l'or des moissons que la nature donne à espérer; alors elle veut qu'on recueille. En automne, le vert disparaît, les arbres jaunissent, les feuilles tombent séchées sous les pieds qui les foulent par les sentiers attristés; cette couleur brune qui abonde alors dans la nature est le signe des regrets ou des mélancoliques souvenirs. L'espérance fleurit en mai, quand les blés sont encore verts; quand les fruits, qui seront de pourpre ou d'or, n'offrent encore que de vertes primeurs; quand la vigne commence à étaler ses promesses, et que ses pampres, qui n'ont pas encore jauni, courent en guirlandes sur le penchant des vertes collines.

— Aucune couleur ne l'emporte en beauté sur le jaune, pourvu qu'on l'idéalise en quelque sorte, que du moins on l'illumine en lui ajoutant l'intensité de la lumière et du rayon. Le jaune, dans son éclat, est la couleur de l'or, cet aigle des métaux, si beau par lui-même, par sa splendeur naturelle et par ses reflets. Il brille aussi sur la robe terrestre en fleurs charmantes, genêts et boutons d'or, qui sont l'aimable parure des coteaux et des prés. Mais sa vraie dignité, c'est qu'il est la couleur ordinaire du feu, et quoi de plus beau que le feu, de plus vivant, de plus incorruptible? Le soleil, dans sa gloire, est jaune; car il est d'or; les poëtes l'ont dit tant de fois! Mais, à part de toute métaphore, le jaune enflammé dont le soleil remplit l'espace peut se modifier avec plus ou moins d'éclat; toujours est-il qu'il garde, sous ces rayons, la couleur jaune qu'il a reçue de la nature.

— Le blanc est une couleur, bien que physiquement parlant il soit possible de le nier; mais, à le considérer au point de vue pittoresque, quelle place ne prend-il pas dans la nature, dans le paysage! Les nuages dans l'azur du ciel sont blancs; le fleuve roule des étoiles blanches qui scintillent sous le soleil; les fonds du ciel apparaissent blancs regardés à travers les feuillages sur les coteaux; blanches sont les neiges et les glaces; blancs les astres qui étincellent la nuit au fond de l'azur. Le blanc tempère les couleurs ardentes, il donne le brun et le gris, il varie les tons de la nature et les nuance tous. L'argent, dans sa blancheur lumineuse, est beau comme l'or. La lumière en elle-même, dans l'abstraction, n'a pas de couleur peut-être; mais, réalisée et en tant qu'elle est vue, elle est blanche; celle du diamant est blanche, et l'on sait que la lumière du diamant, dans sa plus belle eau, est la plus pure lumière qui se puisse considérer ici-bas. S'il était possible de se représenter l'ineffable clarté qui enveloppe les élus, il semble que l'on verrait une lumière blanche, éblouissante comme serait le diamant transpercé et réduit en lumineuse fusion par les feux d'un soleil éternel. Ajoutez enfin que le blanc est celle de toutes les couleurs qui demande la clarté la plus entière; aussi est-il le symbole de l'innocence, de la vie immaculée; toutes les langues possèdent à cet égard une belle métaphore, la vertu de *candeur*, la blancheur de l'âme.

C'est le noir qui, à vrai dire, n'est pas une couleur, mais plutôt l'absence de toutes. Dans l'usage néanmoins, en peinture, il a son rôle particulier, un rôle important. Il ne saurait être question ici du noir absolu, de l'entière obscurité; de celle-là il n'y a rien à faire, sinon d'en être oppressé; il n'y a pas de paysage possible avec les ténèbres; il faut, dans un paysage de nuit, que l'obscurité soit visible, que la lumière, malgré toute persistance, se fasse percevoir. Qui dira le mystère de la pénombre dans le paysage? Le soir, quand la nuit va triompher et que la lumière s'efface peu à peu; que, le jour étant passé, il n'est pas nuit encore; qu'après ce combat entre deux principes la lumière s'éloigne, laissant après elle son reflet, une partie d'elle-même qui annonce son retour et sa victoire du lendemain; quand enfin la clarté des étoiles éclaircit le voile des ténèbres sans le dissiper; dans ces divers moments du soir ou de la nuit, le noir produit des effets multipliés dont le cœur se pénètre et s'émeut, et dont l'art imitateur ne laisse pas que de connaître la puissance.

Dans les paysages de jour, comme dans ceux de nuit, le noir a une tâche délicate à remplir ; il crée la magie du clair-obscur. Que d'effets alors sont amenés par la couleur noire savamment distribuée, soit que l'ombre naturelle rejaillisse de chaque objet éclairé; soit que l'ombre portée, tombant sur les massifs d'arbres verts, et contrastant avec d'autres parties demeurées transparentes et baignées de lumière, produise ces effets piquants dont les plus habiles seuls ont le secret ; soit qu'enfin, précipitées des montagnes, les ombres se répandent dans la plaine en longs sillons,

Majoresque cadunt altis de montibus umbræ!

La couleur noire, étant celle de l'ombre, a toujours été regardée comme le symbole du deuil de la nature ; cela est universel, le noir est l'image de ce qu'il y a dans le cœur de l'homme de triste et de douloureux. On est compris de tous quand on identifie ce qui est lugubre à ce qui est noir, quand on dit qu'une destinée est sombre comme un jour sans soleil. A un degré plus haut, au sommet de l'idée morale, le mal, le crime est noir; noire aussi est une âme perfide et cruelle. Chez un ancien peuple, le bien et le mal, dans leur lutte permanente, étaient personnifiés, par la double image de la lumière et des ténèbres. Puis, dans l'usage ordinaire de la vie, cet antique symbole s'applique à chaque instant. De chaque clarté naît une ombre; les deux éléments sont tellement mélangés, tempérés l'un par l'autre, qu'il n'y a guère de jour dans lequel la joie, si elle a lieu, n'ait auprès d'elle quelque tristesse, de même que la lumière naturelle dans le paysage se tempère elle aussi et se voile de l'ombre que Dieu lui a donnée pour compagne inséparable.

III

Eh bien, c'est à la tâche de reproduire les couleurs de la nature telles qu'elles viennent d'être caractérisées, que la peinture est surtout appelée. Il faut que le peintre les reproduise dans leur réalité, mais aussi qu'il ait conçu leur idéal, leur signification; il faut que, sur sa palette magique, il trouve l'arc-en-ciel, pour y chercher les couleurs franches ou fondues avec lesquelles il fera descendre sur sa toile les merveilles qu'il lui aura été permis de ravir au paysage divin. C'est par la couleur que le paysagiste est imitateur, et il faut qu'il le soit, par là même qu'il ne saurait être un simple copiste de ce qu'il voit. Mais quelle difficulté d'employer la couleur et de triompher avec elle ! Entreprendre la juste reproduction de ce qui est, fixer la couleur, cette chose insaisissable, permanente seulement dans sa mobilité ! Pourtant il le faut, c'est sa loi ; le paysagiste, plus que les autres, imite la nature de très-près. Pour cela il lui est nécessaire d'être coloriste ; il le sera, sous peine de manquer à sa première condition, qui est d'être peintre.

La couleur est si nécessaire, que, même dans les autres arts en dehors de la peinture, il faut, lorsqu'elle n'existe pas réellement, qu'elle se laisse pressentir. On dit, et l'on est en cela très-bien compris, qu'un style a de la couleur ; qu'il y en a dans une œuvre musicale. La gravure, traduction de l'œuvre peinte, se passe de couleur, du moins n'a-t-elle que le blanc et le noir ; mais, si le graveur n'avait pas un sentiment intime, profond, presque infini de la couleur, jamais, cette richesse étant absente de son œuvre à lui, il ne saurait donner une idée de l'œuvre du pinceau qu'il a voulu reproduire par le burin. Aussi la gravure obtient-elle de meilleurs résultats dans la reproduction des sujets historiques que dans celle de la nature, où il est vraiment impossible de se passer de la couleur, je dis de la couleur réelle.

Dans la statuaire, le bronze et mieux encore le marbre blanc ont la couleur au dedans, une couleur idéale qui semble rayonner au dehors, même sur la surface monochrome qui s'offre aux regards ; c'est elle qui, dans cette œuvre, inflexible par sa matière, est le relief, est la chair ; c'est par la couleur idéale que l'œuvre statuaire respire et se meut. Si le sentiment de la couleur est absent de la statue de Pygmalion, n'espérez pas qu'elle palpite; ce n'est pas elle qui est Galatée, le cœur n'y est pas.

Le trait a sa beauté, sa puissance, surtout dans les lignes de la figure humaine, où il constitue l'expression. Mais, pour le paysagiste, ce n'est pas assez du crayon, il faut le pinceau. En vain vous aurez dessiné chaque objet avec une justesse accomplie ; si les plans n'existent pas ou ne sont pas exactement déterminés ; s'il manque au ciel l'air lumineux ; si, dans cette peinture, à ce dessin irréprochable, il manque le vert, l'azur, le pourpre et l'or, la couleur enfin, moi, spectateur, je cherche et ne trouve pas. Vous savez sentir peut-être, vous ne réalisez pas ; mon imagination s'épuise pour saisir l'invisible, en pénibles efforts ; il est impossible d'entrer dans votre toile ; rendez-moi la brillante nature qui n'est pas chez vous.

IV

Il y a de célèbres paysagistes qui n'ont pas été de grands coloristes ; on le dit ; est-ce la vérité? Je ne saurais admettre d'une manière absolue cette assertion. Voyons. Assurément cela ne regarde pas Claude, ce coloriste sans rival, ni les Hollandais Asselyn, Jean Both, Swanevelt, Hermann d'Italie, qui ont peint d'une façon merveilleuse la nature italienne, pour eux étrangère ; d'un autre côté, les pur sang hollandais, qui ont peint leur ciel à eux, leur nature, Berghem, Dujardin, Cuyp, Potter, savent assez bien, si je ne me trompe, comment on répand une couleur locale, aussi vive que charmante, dans les intérieurs champêtres. Peut-être c'est à Ruysdaël que la couleur fait défaut. Il est très-certain que celui-là n'a pas cherché la couleur éclatante, les tons qui resplendissent et s'allument au soleil; mais nul comme lui ne sait créer des couleurs appropriées à la nature quelque peu exceptionnelle qu'il préfère, pour les nuages gris qui se meuvent si bien sous leur ciel austère, pour le rayon qui luit par éclaircie, pour le feuillage assombri qu'agite la rafale d'automne. Il est vrai que ce n'est pas la couleur dont la nature aime à se revêtir dans les beaux soirs d'un ciel italien ; chez un peintre comme Ruysdaël, la couleur est l'expression de l'idée, elle fait un avec elle, et il en résulte la beauté qui lui est propre ; sous ce rapport je ne connais guère de coloriste qui lui soit supérieur.

On cite le Poussin. Il y a ici, il faut le reconnaître, quelque chose de vrai. Poussin et d'autres paysagistes d'école classique, par exemple le Guaspre et le Bolonais Dominiquin, laissent à désirer du côté de la couleur. Les paysages du Poussin sont pleins d'idée, de grandeur, d'art, d'ordonnance, d'agencement, d'imagination splendide et contenue. Si la couleur s'y trouvait au même degré que les autres qualités, que le dessin, qui est incomparable, ils seraient trop beaux, et ce peintre n'aurait pas de rival. Le *Diogène* et l'*Eurydice* sont des paysages de nature et d'imagination helléniques, mais auxquels manque, nous l'avouons, le ciel grec. Cela est encore plus regrettable pour les sujets bibliques, avec leurs fonds de paysage dans lesquels il n'y a rien qui laisse soupçonner le ciel oriental. Pourtant il serait injuste de dire que ce sublime artiste manque du sentiment de la couleur; ce sentiment, il est partout dans son œuvre, et bien souvent même il a la couleur réelle. Celle du *Déluge* est effrayante et vraie; celle de l'*Arcadie* est charmante et exprime merveilleusement le calme d'un beau soir. Les *Bacchantes* sont une œuvre antique, admirable de dessin, de grand idéal, de vie qui abonde, et dans laquelle aussi on trouve un coloris plein d'ardeur; un soleil vraiment hellénique y verse des feux aussi brillants que la flamme intérieure qui agite, sous leur bocage, les beaux corps de ces prêtresses de Bacchus. Malheureusement l'insuffisance, non du coloris, mais de la pâte colorante, laisse apercevoir le tissu de la toile, et oblige d'avouer que ce n'est pas dans cette école, d'ailleurs si grande, que la postérité doit aller chercher ses coloristes.

V

Quant à la prééminence des dessinateurs ou des coloristes, de la ligne ou de la couleur, c'est une question qui se résout par le résultat même de tout ce qui précède. Le peintre dessine, puis il peint; il se complète comme peintre par ces deux vertus; il ne s'approche de la perfection qu'en les réunissant autant que possible. Mais la perfection est si rare, et qui ose l'exiger? Le sentiment de la ligne est une aptitude que la nature a donnée, celui de la couleur en est une autre; si on les réunit, ce ne saurait être à un degré égal; on naît dessinateur ou on naît coloriste. C'est pourquoi il ne faut pas s'étonner que des peintres éminents se distinguent plus particulièrement soit par le dessin, soit par la couleur; ce sont là deux grandes choses, et il n'est pas surprenant qu'elles constituent une double école.

Mais que doit faire le simple amateur doué d'intelligence et sensible au beau? de quelque côté qu'elles lui viennent, que fera-t-il entre ces deux conditions de l'art? Le voici : Quand l'une est exprimée avec supériorité, il faut jouir de ce trésor et ne pas exiger l'autre au même degré. C'est là, je pense, le principe pratique en matière de goût; mais il est nécessaire de préciser la limite.

Vous êtes surtout dessinateur; que votre couleur soit insuffisante, je pardonne; qu'elle manque ou qu'elle soit fausse; non, jamais. Pourquoi peignez-vous alors? Prenez le fusain et laissez la brosse. Si, au contraire, vous êtes coloriste, si les feux de Venise abondent dans votre œuvre, si vous appartenez à ces maîtres, Delacroix, Decamps, Diaz, j'applaudis; mais, de grâce, daignez dessiner; cela vous est si facile et vous arrive si souvent; vous le pourriez toujours. Il n'est pas permis à ces nobles couleurs de revêtir des traits heurtés, sans précision, des figures mal formées, sans réalité, sans beauté, et qui ne sauraient être acceptées que pour la bonne intention qu'y a mise le peintre. Tout cela bien établi, il faut conclure et le déclarer bien haut : la couleur, surtout en matière de paysage, est obligatoire au premier chef; c'est elle qui fait ces prodiges qu'il faut savoir ravir à la nature; c'est par elle qu'on obtient la splendeur, qualité que l'on pourrait appeler surhumaine, puisqu'elle émane directement du ciel et que, si on la considère dans son principe, dans sa source originelle, elle est la première création de Dieu, celle que les hommes appellent la LUMIÈRE.

CHAPITRE XV

LE PAYSAGE ET LA MUSIQUE

Quand il est question de peinture, de paysage, on est naturellement amené à employer des termes qui ne conviennent en propre qu'à la musique. On parle si souvent de la gamme des couleurs, de l'harmonie et des tons variés de la nature, qu'il faut aller plus loin, et se demander quel rapport peut exister entre la musique et le paysage; à quel degré le paysage, j'entends d'abord celui de la nature, peut être regardé comme une musique; comment il chante, lui aussi, son chant de joie, de tristesse, d'amour, d'adoration; quels sont enfin les liens de parenté qui peuvent unir la magie des sons avec celle des couleurs.

I

Un point de vue très-réel sous lequel se présente la nature, c'est qu'elle offre un concert d'harmonie auquel il est difficile de se méprendre. Il n'est personne qui n'ait surpris avec quelque enchantement les bruits de la nature, recueillis à certaines heures dans une paisible solitude. Écoutez quels sons variés annoncent son réveil; il semble qu'ils s'enchaînent en guirlande, assortis comme les couleurs mêmes dont la nature, au matin, a coutume de s'embellir. Allez, sous les perles de la rosée, assister à ce réveil parfois paisible, d'autres fois bruyant et toujours charmant. Le peuple ailé de la feuillée a donné le signal; il gazouille, il prélude, il chante; le ruisseau court et brille, il chante; le vent frémit dans les feuilles des arbres, il chante. La vache qui s'en va joyeuse et mugit en faisant entendre sa clochette au loin parmi les bois; le mouton qui bêle, la chèvre qui a sa voix à elle, le cheval qui hennit au soleil, l'homme qui s'y mêle et dont la voix fait le dessus en traversant les airs sonores, tout cela chante; oui, tout cela dans son désordre, dans ses dissonances, est une harmonie : c'est le concert de la nature; il est impossible d'y prêter l'oreille sans se sentir ému et se représenter tant d'accents divers comme inséparables du paysage lui-même.

Au midi, les chants se taisent et s'affaiblissent; on n'entend guère que le cri aigu de la cigale, un chant qui symbolise l'accent de la nature et semble dire qu'elle est altérée. Le soir, les bruits sont plus voilés, mais plus harmonieux et plus choisis. Le chant de l'homme est plus pur dans l'horizon plus limpide. Les oiseaux donnent alors leurs plus belles séances, et celui que les anciens appelaient le chantre des bois, que les langues du Nord nomment le chantre des nuits, le rossignol, suffit alors à peupler la solitude; on ne le voit pas, on l'entend, tout se tait pour l'écouter; c'est le chant véritable dans la primitive beauté de sa nature; c'est la musique, ou ce mot n'a pas de sens.

Un peu plus tard et quand la nuit approche, les bruits acquièrent plus de mystère. Il est des instants où l'on croit entendre le bruit sourd de la germination dans le silence des champs. Imagination sans doute, mais qui prouve que l'idée du bruit, du concert, est un accompagnement inséparable des meilleurs aspects du paysage. Ainsi Pythagore croyait entendre l'harmonie des sphères, associant (dans la communauté de l'idée comme dans celle du mot) l'harmonie morale, c'est-à-dire le divin ordre des choses, et cette harmonie musicale qui lui semblait inséparable des mouvements sublimes organisés par l'architecte éternel dans l'ordre de sa création.

Si maintenant on prend les aspects particuliers, les moments où la nature, sortie de son calme le plus ordinaire, entre dans son courroux, soit par la tempête qui éclate, soit simplement par les troubles de l'atmosphère, il est impossible de ne pas reconnaître les rapports de la nature visible avec la nature entendue. Quand l'atmosphère est tourmentée, que les airs sont chargés de vapeurs étouffantes, un bruit formidable se fait entendre, c'est celui de la foudre. Évidemment l'accord est sensible entre ce bruit auguste et les phénomènes effrayants qu'il a pour loi d'accompagner. Il y a des bruits pour la nature dans son calme, et des bruits pour la nature agitée; des bruits assortis à chaque caractère de paysage. Le rugissement des tigres et des lions est fait pour le désert; le hurlement des loups pour les grands bois; pour les solitudes du nouveau monde, pour les sites alpestres, il y a le bruit incessant des cataractes qui se précipitent avec fracas du haut des montagnes, tandis que l'aigle, aussi lui, fait entendre, en tournoyant au-dessus de l'abîme, son cri dominateur et sauvage.

La mer a ses bruits. Dans la nuit paisible, on entend le clapotement de l'onde qui vient frapper doucement le navire lorsqu'il court en long sillage sur une mer azurée. Puis, quand la tempête s'élève et que la lame bondit, les flots terribles élèvent leur voix; ils disent la grandeur de Dieu, qui s'irrite et s'apaise, et qui, par l'intermédiaire de la nature, annonce sa parole à tout homme qui possède l'intelligence. Car, il ne faut pas en douter, la parole de la nature est symbolique, elle a toujours un sens. Ce sens vivant, il est facile de le résumer; il est une caresse, il est une menace.

On me dira : Tout ceci caractérise seulement le paysage de la nature et ne saurait en aucune façon s'appliquer à celui de l'art. Sans doute rien ne bruit en réalité dans le paysage du peintre. Il est pourtant nécessaire que le paysagiste en prenne son parti, et que son œuvre soit si achevée, si réaliste, au bon sens du mot, que tout, dans sa peinture, chante, prie, pleure même, s'il y a lieu. Il faut que le ruisseau y murmure en même temps qu'il y brille; que la foudre gronde dans le ciel lorsqu'on y voit les préludes de l'orage; que la mer, si elle s'y montre, fasse entendre le mugissement de ces flots dont on voit la tourmente. Or, s'il est vrai que le paysage de la nature a des bruits qui en sont inséparables, si le paysage de Dieu a un concert, celui de l'homme a donc aussi pour devoir de saisir ce concert, de le peindre en quelque sorte, et du moins de donner à cette toile muette quelque chose de la voix universelle qui retentit dans ce monde des formes, des couleurs et des bruits.

II

Il semble évident que la musique instrumentale est venue de l'imitation des bruits du dehors. La nature a prédisposé notre organisme, pour que, l'art aidant, l'homme trouvât dans son gosier des prodiges d'expression. Mais, tandis que la voix se fait écouter et entraîne les cœurs dans une spirale invincible, les bruits multipliés sont reproduits par la musique des instruments inventés par l'art. Quelle variété, quelle gradation dans ces instruments, et comme ils semblent, chacun pour leur part, s'être emparés d'une partie de la nature! Ceux à corde sont l'expression la plus immédiate de la voix humaine. Le violon chante, pleure, caresse; il est surtout l'accent de la femme, tandis que la basse fait entendre la voix mâle, énergique, et le plus souvent le sanglot contenu d'un cœur fort et brisé. Les autres instruments redisent plus particulièrement les bruits accessoires de la nature accompagnant l'homme et lui faisant cortége. Les hautbois, les clarinettes, les flûtes, sont les oiseaux et le peuple des bergeries; les cors, les instruments retentissants, dont s'enrichissent les orchestres, font entendre les bruits plus perçants, les voix plus hautes qui dominent ce vaste concert, les troubles de l'atmosphère, le fracas des vagues et celui des torrents. La musique, dans ses deux éléments, mélodie et harmonie, est donc cela, en premier lieu du moins, c'est-à-dire la reproduction des bruits de la nature extérieure dans leur rapport avec la voix de l'homme.

Mais là, comme dans la peinture, et plus que partout ailleurs, il y a le travail de l'art. Ce travail consiste à assortir, à choisir, à épurer, à idéaliser. Cela est plus difficile pour la musique que pour la peinture; car celle-ci, plus que les autres arts, a en dehors d'elle le modèle qu'elle doit reproduire. La nature offre des paysages tout faits que le peintre essaye de surprendre dans leur perfection; il n'en est pas de même de la musique. Ici la création est plus réelle, la part est plus grande pour le travail à l'intérieur. Nulle part, en effet, la nature n'offre un concert tellement formé, accompli, qu'il suffise à la musique de le reproduire pour être ce qu'elle est, l'art musical. Non, ici l'art triomphe, il dépasse de beaucoup la nature.

Si l'on pouvait douter de ce fait, que la musique a, jusqu'à un certain degré, la condition de reproduire les bruits qui ont lieu dans le paysage, il suffirait de considérer les progrès de l'art moderne, et de voir comme les grands symphonistes sont habiles à imiter les accents divers que cette nature fait entendre. A chaque page de l'œuvre de Beethöven on en trouverait la preuve. Que l'on prenne en particulier l'*Héroïque* et la *Pastorale*, ainsi nommées parce qu'elles expriment, soit les circonstances d'une bataille, le fracas qui en est inséparable, les cris des combattants et des mourants, le deuil des funérailles et enfin la victoire retentissante; soit tous les détails d'une journée livrée aux travaux et aux accidents de la campagne. Celle-ci est un véritable paysage. Il est impossible de l'entendre avec recueillement sans la traduire en idées et en sentiment, par le cœur et par la pensée. Tour à tour on y entend les grâces de la nature matinale, les oiseaux qui s'éveillent, les feuilles qui frémissent, les bergers et les bergères qui disent leur joie et préludent à leurs amours pour s'élever ensuite au dialogue de la passion. Puis soudain, voici l'orage et le trouble qu'il produit; il pleut; fuyez, moissonneurs, mettez-vous à l'abri sous les gerbes, un instant seulement, car le soleil revient, la nature sourit et vous convie. C'est l'œuvre d'un musicien qui a évoqué ces images, qui a modulé ce poëme, chanté ce paysage à votre imagination.

Haydn, avant le grand peintre par les sons que je viens de citer, avait exprimé les mêmes effets. Dans l'oratorio de la *Création*, les paysages se succèdent à mesure que les paroles du poëme annoncent l'avénement de chacune des parties de l'univers. Le *fiat lux*, en particulier, s'y trouve exprimé par le compositeur avec un éclat si soudain et si vif, que les auditeurs tressaillent et sentent comme la lumière qui les inonde en jaillissant du néant. Quant à Mozart, on peut dire que tout est paysage; mais aussi, avec cet harmoniste admirable, on se berce dans une atmosphère lumineuse de poésie où abondent les douceurs secrètes et les mystérieuses visions. Sans doute à cause des bornes naturelles de l'art musical, ces impressions sont vagues, peu déterminées, des réminiscences lointaines dont on ne se rend pas compte; malgré cela, elles sont loin d'être dépourvues de réalité. Il y a, certes, dans une symphonie de Mozart, du ciel bleu où se plonge le regard avec la rêverie, des oiseaux qui chantent, des ruisseaux qui murmurent, des profondeurs discrètes au fond des bois, et là, des sentiments qui s'échangent et toujours des cœurs qui palpitent. Il s'y trouve aussi parfois le sentiment de la grande nature, du paysage universel, sentiment qui exalte l'âme et la fait entrer dans l'ordre des émotions qui font que l'on adore.

Les divisions de l'œuvre musicale dans la symphonie se prêtent si bien à la succession et à la diversité des images ! Dans le doux prélude de l'*andante*, d'ordinaire le paysage s'établit, l'âme se prépare, elle se laisse aller à la dérive et regarde en soi, comme on voit se dérouler dans le fleuve les objets dont le rivage est accidenté. Sous les pathétiques accents de l'*adagio*, l'âme se sent ravie à elle-même et transportée dans un monde idéal où elle entend des soupirs et des cris, elle-même palpitant aux vives émotions du souvenir ou du regret. Enfin, dans la prestesse charmante de l'*allegro*, cette âme, soudainement arrachée à son trouble, se relève comme la fleur chargée de pluie, s'ouvre à l'allégresse et se reprend à espérer. Dans ces diverses parties de la symphonie, il y a toujours présent à l'âme, en même temps qu'une suite de sentiments, quelque paysage, quelque nature idéale, mais dont les éléments vivent, une construction d'harmonie, vague, insaisissable, qui se forme et se déforme, se rassemble de nouveau et se reconstruit : fantastiques éléments au moyen desquels se produisent ces mouvements passionnés que le musicien suscite avec une autorité si étrange.

La musique moderne connaît tout cela; elle sait tout ce qu'il y a d'imitatif dans la science des sons. Berlioz, Charles Gounod, Félicien David, sont des peintres. Celui-ci ouvre le *Désert;* sur les pas de la caravane, nous parcourons les sables arides, nous respirons la fraîcheur de l'oasis lointaine; avec *Colomb*, il nous entraîne sur l'Océan, et nous apporte, parmi les bruits de la mer, la brise d'espérance du nouveau monde.

III

Il ne faudrait pas se tromper à nos paroles, et, leur donnant une portée qu'elles n'ont pas, nous croire exclusif partisan de la musique imitative. Nous savons très-bien que la musique ne saurait être une imitation directe des sons de la nature; elle imite les bruits, comme le statuaire imite les formes, à condition que l'œuvre soit en bronze ou en marbre, et non pas en cire, avec l'œil d'émail et les lèvres roses. C'est là surtout que l'art transforme l'imitation à mesure qu'il daigne s'en rapprocher. L'imitation musicale, en passant à travers le sentiment, à travers l'émotion, à travers la pensée, poursuit surtout l'expression, première loi de l'art des sons. La musique s'empare de l'âme plus que des sens; c'est toujours l'homme qu'elle a en vue, et, si elle laisse entrevoir la nature dans une de ses puissances, celle du son, elle n'oublie pas qu'elle est comme un souffle à l'aide duquel l'âme, partie de la nature, s'élève plus haut au séjour où elle aspire.

Si, abusant de l'élément pittoresque, le musicien se propose, d'une manière directe, la reproduction des sons de la nature, son art dégénère, il va au réalisme, il y tombe, et alors où est la destination du plus spiritualiste de tous les arts? On admire chez les grands poëtes, dans Homère, dans Virgile, des vers célèbres par l'harmonie imitative, où les images et les sons se trouvent surpris et reproduits par les prestiges de la métrique; mais ces diamants, produits d'un artifice admirable, ne sont pourtant qu'un jeu de l'artiste; les beaux vers sont les vers éclos de l'âme, et ce sont eux surtout qui constituent la poésie. Cela peut être appliqué à la musique.

A considérer les caractères propres de chaque art et leurs limites respectives, la poésie (celle des vers) exprime plus particulièrement les idées, la peinture les images, la musique les sentiments. L'émotion est son royaume à celle-ci. Malheur si elle l'oublie pour s'égarer parmi des espaces où elle ne saurait pénétrer et des régions dont elle ne connaît que les bords! La peinture part des images pour émouvoir les sentiments; la musique a pour objet les sentiments de l'âme, toutefois en les imprégnant des images du dehors. La nature se réalise dans le paysage du peintre, à condition que l'idéal l'agrandisse ou la maintienne dans sa dignité; mais vainement le musicien voudrait faire, comme le peintre, de la nature une captive. La nature, chez le musicien, trouve son essor dans ses liens mêmes; elle leur échappe en s'idéalisant.

— La langue de la musique, du moins en dehors de ce qui tient aux procédés, a de singuliers rapports avec celle de la peinture. Elle a d'abord sa gamme chromatique, littéralement son échelle de couleurs, divisée en nuances sensibles et marquées, en justes intervalles, en tons et demi-tons, que l'art de l'exécutant peut nuancer presque à l'infini. L'idée de ton est commune aux deux arts. On peut dire de la peinture, comme de la musique, qu'elle a ses tons, en prenant le mot dans son sens pittoresque le plus élevé. Les tons sont les teintes, dont le plus ou moins de force et d'élévation tient au point de départ de la gamme de couleurs ou de sons qui ont dû être choisis sur la palette ou sur le clavier; on reconnaît la justesse du ton général lorsque, une gamme étant déterminée, la valeur relative des tons, quant à leur intensité, se trouve observée avec une parfaite gradation. En cela se trouve, pour l'un et l'autre art, la cause la plus réelle de ce qui est appelé le coloris. Comme la musique, la peinture a ses tonalités bruyantes, mal ménagées, où abondent les dissonances, où, sous prétexte d'harmonie, le bruit remplace la mélodie, de même que la couleur crie là où l'on voudrait rencontrer la nuance délicate, le trait fin, l'expression pittoresque et la beauté.

La musique n'a pas seulement sa ligne et sa couleur, elle a aussi ses reliefs, produits par la ligne courbe se jouant à travers le jour et l'ombre; elle a son clair-obscur, ses motifs qui font porter leurs reflets les uns sur les autres, qui placent l'ombre à côté de la lumière, assombrissent le rayon de joie en même temps qu'ils colorent de quelque jour doux l'émotion du cœur triste; la musique, enfin, a ses glacis, qui laissent voir la couleur sous la couleur, saisir la transparence, reconnaître les sentiments sous les images et les images sous les sons.

Ajoutez que, pour la musique, se retrouvent les écoles qui partagent la peinture, et en particulier le paysage. Aux dessinateurs et aux coloristes correspondent les mélodistes et les harmonistes. La mélodie est la ligne, le trait qui contient à la fois la forme et l'expression; l'harmonie charme l'oreille à peu près comme dans la peinture la couleur est le plaisir des yeux. Nous avons, en musique comme en peinture, nos maîtres d'essor italien, de style français, de genre hollandais. Poussin, nature paisible et souveraine, c'est Haydn avec sa sereine et intérieure beauté; Mozart serait Virgile, si nous voulions le comparer à un poëte; il est Raphaël, si on cherche à qui, parmi les peintres, il ressemble par le dessin, le sentiment intarissable et la mélodie. Beethoven relève de Salvator, de Michel-Ange et d'autres génies grandioses. Rossini, qui resplendit des feux du soleil, correspond assez bien aux ardeurs lumineuses dont s'éprend Claude Gelée. Decamp et Félicien David s'avancent d'un vol égal. D'autres paysagistes de notre temps, qui, par la simplicité des sujets et le charme qu'ils y répandent, semblent directement issus des vieux Flamands, ont leurs rivaux dans quelques musiciens, mélodistes avant tout, habiles à charmer par quelque chose de fugitif et de rapide, par quelques notes bien inspirées, accents émanés de l'âme, ouvrant soudain une échappée de paysage où le cœur pénètre, se repose un instant et respire.

CHAPITRE XVI

LA PEINTURE EST POÉSIE

Horace a écrit : « La poésie est une peinture, *ut pictura poesis.* » Cela était fort évident. Écrivant un *Art poétique,* il savait qu'un poëte ne saurait se dire tel qu'autant que, par l'imagination, il sait *peindre* aussi les objets qu'il a entrepris de décrire. Mais, en principe, la proposition du lyrique latin peut être justement renversée et l'autre équation établie. En effet, s'il est vrai, dans une certaine limite, que la poésie est peinture, c'est-à-dire qu'elle a pour loi d'être pittoresque, de représenter vivement aux yeux une suite de tableaux, il n'est pas moins vrai de dire que la peinture est poésie; qu'un peintre, qu'un paysagiste n'est digne du nom d'artiste qu'autant qu'il porte en lui le foyer qui est la poésie.

I

Si la poésie, dans son sens le plus général, n'est autre chose que la beauté idéale, descendue de ses hauteurs abstraites et manifestée dans les choses, ou (pour employer une expression de l'école) la beauté passée de la puissance à l'acte, la beauté ayant pris forme et couleur; il s'ensuit qu'une nature sera poétique s'il arrive que le cœur reconnaisse en elle la présence de la beauté, et que, se prenant à ses manifestations, il s'émeuve et dise : La beauté, un rayon de la beauté, qui n'est qu'à Dieu, est là.

La poésie en elle-même étant cela, la manifestation de la beauté dans l'objet extérieur, il faut chercher ce qu'est l'art. Quand l'homme, trouvant en lui le sentiment esthétique (que tous n'ont pas, à beaucoup près, car la beauté ne luit pas pour tous), veut reproduire, par une œuvre à lui, cette beauté qu'il voit rayonner au dehors, dans la nature, il procède par l'art. Il me semble que l'on définit assez justement l'art en disant qu'il est la poésie de la nature passée dans l'œuvre imitée; il ne diffère pas essentiellement de la poésie; seulement il y ajoute l'idée d'une pratique, d'une réalisation quelconque, d'une production humaine.

Il suit de là qu'il n'y a, à proprement parler, qu'un art, et que les différents arts sont les moyens divers d'exécution de l'art unique. En effet, la nature a mis à la disposition du poëte des procédés, des instruments fort divers avec lesquels il reproduit, diversement aussi, les beautés qui lui sont offertes. On est poëte par le pinceau, par le ciseau, par l'équerre; on est poëte par la lyre, par le chant; on l'est surtout par la parole.

Cette dernière forme est si générale, si bien primitive, qu'elle a pris d'une manière spéciale le nom de *poésie*. Dans le fait, la poésie des vers n'est qu'une forme de l'art comme les autres, plus vaste seulement, et qui les comprend toutes, car tour à tour elle peint, elle sculpte, elle chante. Toutefois, comme son instrument unique est la parole, elle ne saurait peindre, sculpter et chanter que dans des limites fort déterminées. C'est pourquoi l'idéal, impatient de se répandre au dehors dans sa plénitude, a ajouté d'autres arts à celui des vers. Tous les arts sont des formes de la poésie, créées pour suppléer à l'insuffisance de la poésie parlée. Le sentiment, le génie poétique, voulant réaliser le beau, aussi complet et aussi varié que possible, a fait naître les divers arts, comme autant de canaux, pour donner un cours entier à sa fantaisie.

Que fait le poëte avec ses vers? Il chante; oui, sans doute; mais l'harmonie de ses mètres n'est pas le chant véritable et vivant qui veut s'exhaler de l'âme et retentir; de là l'invention de la musique, poésie chantée. Les vers peignent la nature animée et inanimée; ils dévoilent avec amour les beautés sensibles; mais ce n'est pas assez; ils ne détachent pas l'objet pour l'amener aux regards de l'esprit, après l'avoir fait passer par les yeux du corps; de là la nécessité, et par suite l'invention de la peinture, poésie visible. La sculpture, poésie plastique, était nécessaire aussi pour conserver, dans l'œuvre statuaire, ce que la métrique ne saurait donner en réalité, le relief et le contour. Ainsi les arts ne sauraient être séparés, si on les envisage dans leur principe commun; une chaîne fraternelle les unit. Les muses, leur personnification, sont des sœurs qui se ressemblent avec des traits divers, *non facies una;* elles dansent une ronde immortelle, comme disait l'antique Hésiode, et la muse des vers, Calliope, préside le chœur divin.

Les arts étant, chacun pour sa part, un moyen spécial de réaliser le beau, que tout artiste porte en lui, et d'amener à l'état de poésie ce beau idéal dans une œuvre non-seulement conçue, mais produite, dans une œuvre en partie imaginée, en partie imitée; les arts, dis-je, ont chacun leur limite naturelle qu'ils ne sauraient franchir sans courir le risque de se perdre et compromettre le privilége de leur liberté. Lessing, dans son *Laocoon,* a déterminé ces limites, sur lesquelles je n'ai pas à m'arrêter. Je m'attache plutôt à cette idée, véritable principe d'esthétique, que les arts ont cela de commun qu'ils tendent tous au même but, reproduire le beau, et que la poésie, dans son sens le plus élevé, est pour eux tous une sorte d'atmosphère qui les pénètre, qui les alimente, qui donne aux uns comme aux autres l'Esprit vivant.

II

Que la peinture, par son fond, soit vraiment poésie, cela est si vrai, qu'on peut aller jusqu'à trouver de sensibles analogies entre les divers genres de poésie et les divers genres de peinture. Cet art a aussi lui ses épopées, ses drames, ses pastorales; une revue rapide suffira. Et d'abord l'épopée. Certaines pages de peinture ne sont-elles pas de grandes pages de ce genre? Les immenses toiles de Lebrun, sur l'histoire d'Alexandre, sont assez bien les chants d'un poëme héroïque, non pas grandioses comme ceux d'Homère, mais tels que les aurait composés un poëte épique, même éminent, s'il en eût existé au siècle de Louis XIV.

Des drames se jouent sur de vastes scènes dans les œuvres pittoresques. L'école française, celle même de notre époque, possède en ce genre des productions monumentales. Virginius et sa fille immolée; la robe sanglante de César, déployée à la vue des meurtriers, qui se troublent et vont fuir; Marius aux ruines de Carthage; Brutus redevenu père, et seul, assis dans l'ombre du gynécée, froissant l'arrêt fatal, tandis que les corps des victimes sont rapportés au désespoir des femmes; les Enfants d'Édouard, pressentant et écoutant la venue des meurtriers ; la Décadence de Rome ; les Girondins qui vont mourir ; tant d'autres scènes des divers âges, sont des tragédies immédiatement émanées de l'histoire, et qui, de leur toile immobile, apportent, en quelque sorte, au spectateur les émotions mêmes du théâtre.

La poésie philosophique, lorsqu'il lui a plu de passer par le pinceau, de revêtir des couleurs de la nature de hautes pensées, même d'exposer des systèmes entiers par de vives personnifications, a plus d'une fois opéré ce prodige. Nous n'en citerons qu'un exemple. Le platonisme, et avec lui les diverses écoles grecques, se reconnaissent clairement dans l'*École d'Athènes*, composition d'un style incomparable, et dans laquelle le génie du Sanzio, évoquant, sous les parvis d'un temple antique, les coryphées de la sagesse grecque, a su exprimer sur leurs visages, sur ceux de leurs disciples, leur génie, leur pensée, et jusqu'à la diversité de leurs doctrines.

Il n'y a pas jusqu'au tableau de genre qui n'ait sa poésie, pourvu qu'on y puisse admirer l'analyse fine, l'intelligence, la moralité, la physionomie; pourvu que la vie, cette chose toujours poétique, lorsqu'elle est sincère, y circule, s'y fasse jour; que les naïves émotions y aient leur place; que les accessoires, peints avec vérité, y soient subordonnés à la pensée, et qu'un esprit de bon aloi y soit au service d'un sentiment véritable et pur.

III

On ne saurait dire que le genre lyrique, en poésie, ait un correspondant direct dans quelque genre spécial de peinture; mais la poésie lyrique est partout où il y a poésie. Le lyrisme, dans son idéal, n'est autre chose que la poésie à son expression première. Toute poésie est née de la lyre, et il serait aisé de le prouver; toute poésie a commencé nécessairement par le chant, par l'hymne; or cet élément, le chant ou l'hymne, doit se retrouver dans les autres genres, à des degrés différents. La poésie ne saurait exister si elle n'est pas un chant, si on ne sent pas dans la production de l'œuvre poétique le *cantus interior*, qui est l'accent de la muse. A part du poëme lyrique, qui est un genre particulier, et dont la forme est l'ode, il y a l'élément lyrique qui fait la première essence de la poésie. Toutes les fois que dans l'épopée le ton s'élève et grandit, et que l'on sent le cœur du poëte palpiter et intervenir à travers le récit; toutes les fois que dans l'œuvre tragique les grandes passions appellent ces mouvements pathétiques qui troublent et attendrissent; toutes les fois qu'avec la poésie religieuse le cœur s'émeut et adore; dans toutes ces rencontres, il se peut que l'œuvre émanée du poëte ne soit pas l'ode, mais on peut dire qu'une telle poésie est inspirée par le génie de la muse lyrique.

Eh bien, il en est de même pour l'œuvre pittoresque; le souffle lyrique s'y fait sentir; on le reconnaît quand l'émotion ressentie par l'artiste vit et persiste dans son tableau, et passe de là dans le cœur de ceux qui sont présents et admirent. La plupart des poëmes de sainteté des peintres du quinzième et de la première moitié du seizième siècle sont vraiment des œuvres lyriques. Depuis l'œuvre si pure et si sainte d'André Fiesole jusqu'à la pleine efflorescence de la peinture, à son plus haut développement dans les vierges immortelles de Raphaël, tout cet art divin qui, dans les premiers âges de la Renaissance, constitue en Europe la meilleure partie de la poésie chrétienne, est un chant lyrique, un hymne prolongé, s'exhalant à l'aide des formes et des couleurs. Même dans la peinture profane, l'ode se fait jour, et l'on peut citer, dans ce genre, à côté des *Prophètes* de Michel-Ange, les *Sibylles* de Raphaël et les *Muses* de Lesueur.

Quant au paysage, il est évidemment l'analogue du genre bucolique, de l'idylle, de la pastorale; mais le paysagiste va au delà du poëte, et s'unit plus intimement à la nature; il la reproduit de plus près; il est vis-à-vis d'elle comme le familier de la maison; il lui dérobe les secrets qu'elle cache à la foule, les sentiments qu'elle suscite, les idées qu'elle fait naître. Il a donc aussi lui sa haute poésie; il a son lyrisme, son chant intérieur, et c'est là une des principales conditions de sa beauté.

Et enfin, peintres, qui que vous soyez, héroïques

ou familiers, peintres de l'homme ou peintres de paysage, vous ne sauriez vous passer de l'imagination. En vain le réalisme, l'école de l'imitation pure et simple, y résiste, n'admettant rien au delà du fait, ne sachant pas comment le réel, après avoir été fidèlement observé, se transfigure par l'idéal. Réalistes, vous qui voulez plaire, et qui y parvenez parfois, vous êtes poëtes, et malgré vous peut-être. Dure nécessité ! Je vous plains, mais qu'y faire ? Vous êtes condamnés à la poésie.

CHAPITRE XVII

LE PAYSAGE CHEZ LES POETES

I

Les anciens poëtes classiques ne connaissaient guère le paysage proprement dit, la description détaillée et pittoresque de la nature, Mais, si on remonte dans l'antique Orient, on trouve des poëtes qui ont peint avec des couleurs brûlantes les splendeurs de leur paysage. La nature indienne, telle qu'elle se montre dans les épopées, ressemble à ces poëmes eux-mêmes. Construite à l'image de la pensée brahmanique, elle est grandiose ; le fleuve, la vaste forêt où s'ensevelit la prière et l'ascétisme hindou, le ciel même, la terre et la mer, tout s'agrandit au niveau de ces héros légendaires auxquels cette nature, ainsi conçue, semble communiquer une puissance surhumaine.

La nature panthéistique et au delà de la réalité qui apparaît dans la poésie de l'Inde n'est pas celle qui s'ouvre dans les livres hébraïques. Celle-ci est sublime, mais elle vit, elle respire, et ce n'est pas un peuple de convention poétique qui s'agite sur son sol. Vainement la terre sacrée a-t-elle été, comme on l'a dit, labourée par des miracles, il n'y a rien dans les aspects qu'en offrent ses poëtes qui dépasse la réalité; c'est l'Orient arabe tel qu'il s'offre encore aujourd'hui aux yeux du voyageur. Rarement, il est vrai, les poëtes hébreux se livrent à des descriptions suivies; il n'y a guère, dans ce genre, que quelques passages du livre de Job. Mais, à chaque page de ces poëmes, on voit luire des traits qui ouvrent des perspectives au fond desquelles on aperçoit toujours la figure, l'ombre de Jéhovah. Dans les prophéties, dans les psaumes, le sentiment de la nature hébraïque est partout; ce n'est le plus souvent qu'un trait soudain, qu'une flèche ailée qui rayonne et qui jaillit, qui sillonne l'air de feu; mais il faut remarquer que ce trait accompagne toujours une pensée ; qu'il contient et rehausse toujours un sentiment, une prière, une élévation de cœur, un mouvement d'adoration.

— Les poëtes grecs et romains ont un sentiment juste autant qu'exquis de leur nature, grande assurément, mais qui n'a pas la sublimité de celle d'Orient. Ceux-là aussi ne se proposent pas la description pour objet. Homère raconte l'homme, ses passions, ses combats, ses luttes intestines, ses grandeurs, ses faiblesses ; mais la nature où il le place ne se montre guère qu'accessoirement. On ressent à travers ses vers les brises de la mer hellénique ; on reconnaît les lignes grandes et pures de l'horizon phrygien, les montagnes, la plaine d'Ilion, l'intérieur des îles et des cités; son coup de pinceau est plein de réalité, de relief; puis il a ses comparaisons sans nombre, le plus généralement empruntées au paysage ordinaire de la nature ; mais les tableaux homériques sont rapides, et ils ne vont pas jusqu'à la description.

Longtemps après Homère, à l'époque la plus florissante de l'art grec, le paysage se montre encore avec réserve, comme entourage des scènes humaines, qui sont, au temps de Phidias et de Sophocle, l'objet véritable de l'art. Pourtant, chez Sophocle, on lit une description développée, un passage tracé avec amour, le chœur d'*Œdipe à Colone* où sont célébrées en vers admirables les beautés de la terre de Minerve. Vers le même temps, Platon, au début du *Phèdre*, reproduit une peinture des mêmes lieux dans une prose poétique comme les plus beaux vers; mais de telles rencontres sont rares, et l'art grec se complaisait à peindre la grandeur de la nature dans l'homme plus que dans son paysage.

Il y eut, plus tard, à Alexandrie, un grand poëte bucolique qui sentait la nature champêtre, et l'a fait sentir, goûter et comprendre mieux qu'aucun autre poëte antique. Théocrite ne décrit pas avec détail, mais il peint à merveille, en passant, un coin de paysage; même on peut dire que le paysage est le fond de ses œuvres exquises. On y vit parmi de vrais chevriers, avec qui on respire la fraîcheur des prés et l'air brûlant des moissons. Il fait entendre le mugissement des bœufs, le chant des oiseaux, celui de la cigale dans l'ardeur de midi, ou le vent qui court, dans ses vers imitatifs, le long du pin frémissant. Quelquefois le paysage s'élargit; non content de montrer les champs, les vergers, les bocages, théâtre des joies pastorales, il ouvre soudain un vaste horizon; l'air circule, et, tandis que ses bergers chantent, sous le ciel ardent, au haut du rocher qui s'avance sur les flots, on sent venir la brise rafraîchissante de par delà la mer de Sicile.

— Les Romains, tout en imitant les Grecs, ont conçu la nature avec un amour plus passionné et en même temps plus grave que n'avaient fait leurs devanciers. Lucrèce, comme poëte et aussi comme paysagiste, a un souffle puissant; il a appris de la sombre doctrine qu'il enseigne l'art de peindre la nature dans son énergie plus que dans sa beauté. Avec Virgile, ce n'est plus cela. Poëte bucolique, celui-ci a dépassé Théocrite, non pas, certes, pour la saveur première, pour le sentiment de la vie pastorale dans sa rude et poétique naïveté, mais par l'élégance du style et aussi par le sentiment qu'il possède du paysage italien, dont l'éclat se répand en reflets dorés dans ses beaux vers; poëte géorgique, il fait respirer, comme Hésiode, l'âpre senteur du labour de sa terre natale, et, recueillant toutes les couleurs de la nature sur sa palette enchanteresse, s'en va comme l'aurore aux portes du matin, versant les fleurs et semant les descriptions. Poëte épique, enfin, il a également ses comparaisons homériques, dans lesquelles, bien qu'en traits rapides, il évoque les mille accidents de cette nature, dont le calme champêtre contraste avec les passions héroïques dont l'épopée est le théâtre.

II

Dans les temps modernes, les poëtes décrivent, ils peignent, ils ouvrent le paysage. S'il n'apparaît pas dans la *Divine Comédie* où la scène se passe dans le monde invisible et nullement sur la terre; si on ne fait que le pressentir, sous les tendresses charmantes et trop souvent affectées des sonnets de Pétrarque, en revanche, il se déploie dans l'âge qui suit. Après s'être épanoui dans les éblouissantes fantaisies, dans la toile immense d'Arioste, il abonde, mais avec plus de réserve, dans les octaves du Tasse. Les épisodes relatifs à Armide, à Herminie, en offrent des modèles accomplis; le paysage où vient s'abriter Herminie est décrit avec une touche qui dépasse celle de Virgile dans sa peinture du vieillard retiré aux bords du Galèse. La mort de Clorinde, si pathétique, se passe dans un paysage que le poëte reproduit avec un grand soin. Chez les Français de la Renaissance, Ronsard et Dubellay ont tracé de leur nature angevine des peintures dont quelques-unes ont retenu leur charme primitif et leur fraîcheur.

Quant au siècle de Louis XIV, il est assez peu disposé à s'éprendre beaucoup d'une autre nature que de celle qui lui est faite par les splendeurs royales de Versailles ou de Marly. Aussi les grands poëtes de cet âge, à l'exception de la Fontaine, qui respire à pleine poitrine l'air des champs, connaissent peu le paysage, et s'inquiètent encore moins de le décrire. Boileau, dans plusieurs endroits du *Lutrin*, a peint le tableau de genre, comme un Flamand de premier ordre; mais, lorsqu'il aborde la nature, il est fort pauvre, témoin quelques vers où il essaye de décrire la campagne de M. de Lamoignon, à Baville. Une autre fois, aux bords du Rhin, où il raconte une scène épique, il n'a vu autre chose que l'antique vieillard, le dieu du fleuve, couronné de roseaux et dormant appuyé « sur son urne penchante, » une nature surprise dans quelque bassin de Versailles, entre un triton qui verse l'eau et la naïade qui baigne d'une douche éternelle ses épaules de bronze. Pour Corneille, la nature, c'est l'homme, sa grandeur, la vertu romaine, l'humanité glorifiée. Racine a l'incomparable diction, l'exquise peinture des sentiments, le pathétique, souvent aussi le mouvement de la scène; mais il a, plus que Virgile, le *molle atque facetum*, éloge restreint que faisait Horace de son ami, je ne sais quoi de flexible et de façonné qui empêche la séve de se faire jour et de couler à sa fantaisie dans les canaux ouverts par la nature aux génies primitifs. Pourtant, ne disons pas qu'il manquait à Racine le sentiment du paysage; nous serions démenti par des traits admirables de ses chœurs et par des images comme celle-ci dans *Esther* :

> Jeunes et tendres fleurs, par le sort agitées,
> Sous un ciel étranger, comme moi transplantées.

Au dix-huitième siècle, les poëtes se mirent à imaginer qu'ils aimaient, qu'ils adoraient la nature champêtre, le paysage, parce qu'ils s'étaient pris à chanter une nature préparée, fardée, poudrée, pailletée, et avec cela mythologique à contre-sens, et grecque sans le moindre sentiment de l'hellénisme. Alors on vit s'épanouir une multitude de poëmes descriptifs, les *Saisons*, les *Mois*, l'*Agriculture*, les *Jardins*, l'*Homme des champs*, toutes les parties, toutes les puissances de la nature tour à tour évoquées, célébrées, décrites parfois avec talent, mais non pas chantées comme savent chanter les vrais poëtes. La muse, telle qu'on la connaissait alors, non plus Calliope ou Polymnie, mais Chloris ou Thamire, a recueilli dans son ample corbeille les fleurs aux couleurs douteuses, pavots sans parfum que l'on prenait pour des roses. Le commencement de notre siècle recueillit ce trésor, auquel il ajouta sa propre moisson.

III

Cette école descriptive, personnifiée dans Delille, passa ; celle qui, vers la Restauration, se proposa pour la remplacer, manifesta, comme un de ses meilleurs caractères, un sentiment de la nature autrement puissant et relevé. Les poëtes du temps dont je parle (et les plus grands fleurissent encore) firent une grande chose à l'égard de cette nature qu'ils aimaient, qu'ils chantaient vraiment; ils la spiritualisèrent, ils approchèrent d'elle le flambeau sacré, et ils y virent l'âme. Alors on peignit une nature, non pas inerte et purement plastique, mais sensible et vivante; elle eut un sens, elle s'associa à l'homme, refléta ses joies, ses douleurs, et donna un corps transparent à ses passions; on la vit palpiter, et l'on reconnut les harmonies qu'elle possédait avec l'âme.

Voici ce qui s'était passé dans le cours de trois siècles entre la nature et les poëtes : au dix-septième siècle, ils s'étaient attachés à peindre l'homme sans le paysage; ce fut le contraire dans l'âge suivant; il y eut le paysage toujours et partout; mais quel paysage que celui que ne cessait de reproduire le Parnasse d'alors! Ces poëtes ignoraient la valeur de l'homme et son véritable rôle dans la nature; ils décrivaient les corps et ils oubliaient la vie!

Enfin, au siècle où nous vivons, l'accord s'est

tenté, il a eu lieu. La nature et le poëte sont revenus à leur union antique et fraternelle; le poëte, en cela ne se distinguant pas du peintre, a surpris le sens le plus intime de la création terrestre, et compris que sa loi, comme artiste, était d'imiter, de reproduire cette nature en la transformant.

Déjà au siècle précédent, Rousseau, d'ailleurs disciple de Fénelon sous ce rapport, avait commencé le mouvement. Ce philosophe a des pages admirables, peut-être les seules durables de ses nombreux écrits, dans lesquelles le sentiment de la nature se fait jour avec une ardeur qui, chez ce grand écrivain, ajoute à la singulière beauté de l'expression. Bernardin de Saint-Pierre et Chateaubriand, bien qu'ayant pu l'un et l'autre abuser des pompes de la description, furent, pour cette manière de décrire et de sentir le paysage, de l'école de Rousseau. L'immense et verte nature de la savane s'assortit avec la fatale passion dont meurt la jeune Indienne chantée par Chateaubriand; la passion, dans ces solitudes, s'exalte, se dévoue jusqu'au martyre. L'amour de Paul et de Virginie éclôt et croît, comme une fleur pure, parmi les beautés de cette nature tropicale qui les enveloppe, qui le nourrit et qui les brûle. Dans le même temps, de grands poëtes étrangers, Gœthe et Byron, donnaient aussi à la nature je ne sais quel ressentiment des ardeurs passionnées, des tempêtes qui s'agitent dans leurs poétiques créations. La France aussi eut ses poëtes qui surent vivifier, animer, passionner le paysage. Une femme, le plus poëte des prosateurs d'aujourd'hui, est, quand elle veut tourner de ce côté son pinceau, un paysagiste accompli. Hugo et Lamartine ont compris la nature, et ils ont su la chanter ; ils savent que cette nature a un sens spirituel, et qu'elle ne se sépare pas de l'homme, dont elle ressent les émotions, dont elle perçoit les troubles, à qui elle rend l'amour qui lui est donné, de l'homme enfin, son interprète et son maître, dont elle réfléchit les traits dans son miroir inaltérable.

CHAPITRE XVIII

LES PAYSAGISTES

I

Le paysage ne paraît pas avoir existé dans l'antiquité orientale et classique ; il est moderne ; il naît au quatorzième siècle, accessoirement et comme servant de fond aux tableaux de sainteté, qui sont l'art entier à cette première époque de renaissance : il est traité de cette façon dans l'école flamande.

On peut en juger, au grand salon du Louvre, dans la *Vierge couronnée*, de Van Eick, qui serait une chose achevée, si le peintre eût trouvé, pour la mère du Sauveur, la grâce virginale et la dignité..

Il y a dans ce tableau un ensemble si pur, si doux, si reposé; la physionomie du donataire est si loyale, priant si bien, et si finement dessinée; si naïfs sont les anges qui chantent au lutrin; d'un blanc si pur sont les robes immaculées de ces musiciens célestes; d'une hardiesse si fantatisque, les colonnes et les arcades qu'elles soutiennent, que la piété rayonne en tout cela, malgré le réalisme flamand qui le captive. Mais voyons-y le paysage: à travers les arcades, on aperçoit un jardin avec des touffes de lis, de roses, de glaïeuls; au-dessus, une terrasse garnie de créneaux. Des oiseaux se promènent dans les allées; au delà du jardin, une rivière avec un pont défendu par une tour et des îles dans le courant. A droite, une ville et des églises; à gauche, des faubourgs, et, dans le fond, des montagnes. On aime le ciel pur, le peuple de volatiles, d'un faire si merveilleux, la céleste floraison dans le parterre, tout un détail dont l'ensemble s'explique peu, et qui, pour cela même, et si l'on considère la naïveté de l'époque, constitue un mystère charmant.

Depuis les premières œuvres flamandes ou allemandes chez Van Eick et Albert Dürer, où le paysage se montre, encore vague et incertain de lui-même, comme fond de tableau, jusqu'à la pleine efflorescence des écoles du Nord, dans leurs célèbres paysagistes de Flandre et de Hollande, il se passe un siècle entier. On peut dire que l'école des paysagistes flamands s'est ouverte avec les Franck et les Breughel, vers le commencement du dix-septième siècle. Ces peintres, si étonnants par l'extrême délicatesse de leur touche et par les miniatures dont ils peuplent leurs toiles, se rattachent encore aux premières tentatives, à celles des Van Eick, en particulier, par ces tons bleus qu'ils affectionnent, couleur fantastique, couleur du ciel, qui revêt comme d'une auréole leur nature idéalisée, les fleuves, les montagnes, les animaux, les ombrages et les fleurs. Un paysage, incomparable en ce genre, vraiment traditionnel, est le *Paradis terrestre* de Breughel de Velours. Là s'agitent en foule, sans nombre, les habitants de la terre et de l'air, les doux et les féroces, errant ensemble dans les bocages et sur les eaux vives, sous les massifs de verdure, parmi des fleurs imaginaires et charmantes qui étincellent de toutes parts sur le sol enchanté du Paradis. Dans le fond, sous une avenue ombragée, Adam et Ève marchent et conversent avec Dieu. Il y a dans ce tableau une finesse si étrange, des perspectives si poétiques, un détail si accompli, un sentiment si pittoresque de la création, que l'on se demande, avec surprise, comment le génie de la patience a pu, sans s'épuiser, se tenir si étroitement uni à celui de l'imagination.

Ce caractère, encore archaïque, dans le style du paysage flamand, cesse entièrement avec Rubens, le roi de la couleur. L'auteur immortel de tant de grandes pages héroïques et allégoriques a aussi de beaux paysages, du moins des scènes dans lesquelles le paysage joue un rôle important. On peut citer, au Louvre, *Loth et sa Famille fuyant de Sodome*. Quelle vigueur, quelle vérité dans ce triomphe du réalisme flamand ! Sur les traits amaigris de la femme de Loth, poussée par un ange, on voit qu'elle ne résistera pas au regret de la patrie absente, et qu'elle sera la statue de sel. La fille de ces vieillards, demoiselle flamande, fortement construite, ne fait pas tant de façons ; elle sait qu'il y aura partout pour elle des amours, de la vie, du soleil d'Orient. Mais en vain, dans ce riche paysage, chercherez-vous quelque apparence de la nature orientale, un souvenir de la réalité biblique, quelque chose qui ouvre là le vaste désert, la pluie foudroyante et le lac de feu qui attestera l'éternelle justice de Jéhovah. C'est presque dans un paysage de même nature qu'il a placé son ardente *Kermesse*, couleur parfaitement locale cette fois, nature prise sur le fait, jeunesse villageoise dans le tourbillon de sa joie ; vulgarité, mais poésie à force de lumière, de vigueur, de vérité. Dans le *Tournoi*, près des fossés d'un château, on peut admirer un magnifique effet du couchant ; puis, dans un autre tableau, sous prétexte d'une scène chrétienne, la *Fuite en Égypte*, un beau clair de lune, qui tombe sans beaucoup de mystère, mais avec l'effet le plus heureux, à travers une clairière dans la forêt.

J'ai eu plus d'une fois occasion jusqu'ici de caractériser la double tendance des paysagistes hollandais du dix-septième siècle : les uns, comme Asselyn, Jean Both, Swanevelt, s'attachant à la splendeur, aux tons riches, harmonieux, de la nature italienne ; les autres, purs hollandais, hommes du Nord, peignant leur nature d'origine dans ses plus humbles motifs, avec une réalité sans pareille et un charme d'illusion qu'une plus grande peinture ne saurait obtenir au même degré. Berghem, Ruysdaël, Potter, sont ces maîtres ; leurs œuvres sont éternellement jeunes, vraies d'une vérite simple, d'une réalité qui est loin d'exclure l'idéal. Ces peintres offrent le microcosme de la nature vivante ; ils la disent telle qu'ils l'ont surprise dans sa beauté naïve et touchante, pleine de pensée, de sens intérieur et d'émotions.

II

Chez les Italiens, dans les premières écoles d'Ombrie et de Florence, le paysage se laisse entrevoir, et il est charmant dans son imperfection même. Un peu plus tard, il se montre timide encore dans les œuvres de la première manière du Sanzio. Par exemple, la *Belle Jardinière* offre un fond de paysage ; on y voit quelques détails de campagne, des édifices ruinés, et là aussi, comme en Flandre, ce bleu céleste, teinte azurée qui ne prétend point à la réalité, mais qui a pour elle l'idée et le sentiment. Ce ton se fait surtout remarquer dans le plus beau diamant du Sanzio, la *Vierge aù Voile*. A l'aide de ces fonds de paysage que les peintres anciens plaçaient dans leurs sujets sacrés, la scène mystique s'élargit, l'air circule ; l'âme, qui s'est recueillie pour adorer, subit à son tour une douce réaction, et comprend que le mystère chrétien a sa portée bien au delà de l'enceinte où il s'accomplit ; elle s'épanche alors, et associe son émotion à la grande nature du dehors.

Le paysage, à cette époque glorieuse, n'est encore qu'à l'état de soupçon, à l'état de prélude ; l'école romaine, à vrai dire, ne s'est guère occupée du paysage. Il existe dans l'école florentine ; celui de la *Vierge aux Rochers*, chez Léonard de Vinci, est mystérieux et saisissant.

Pour le trouver pleinement épanoui, il faut entrer chez les Vénitiens : ceux-ci ont changé de terrain ; du ciel ils ont passé sur la terre, à l'azur ils ont substitué l'or ; mais aussi, lorsqu'ils s'attachent à la terre, ils perdent le sens de ce qui est supérieur, ils subordonnent l'esprit à la chair, la beauté idéale à la réalité, l'unité à la variété, l'empyrée spirituel des Florentins à la transparence palpable du ciel matériel. Les paysages du Titien sont grands, beaux et vrais; mais, de même que le Véronèse, il n'a aucun sentiment de la vérité locale. L'Orient, la Grèce, le sol biblique, tout est également vert, plantureux, plein de la vie qui surabonde dans la terre d'Hespérie. Rubens et Véronèse se rencontrent au Louvre même, dans une manière parfaitement identique, et avec un sujet pareil, encore les *Filles de Loth*, que le Vénitien a fait fuir, aussi lui, à travers le désert, loin de la cité condamnée. Quel désert que ce riche paysage d'une végétation luxuriante et qui jaillit de la fertile imagination du Caliari, comme les forêts vierges sur le sol du nouveau monde! Mais aussi quel pinceau et quel mouvement! Comme ces femmes sont belles, parmi les eaux vives et les ombrages, largement ajustées, variées de pose, d'une allure fière et décidée! L'une porte deux paniers; l'autre, sans plus de façon, s'appuie sur le bras de l'ange pour rattacher son soulier, « son cothurne, » dit le livret avec plus d'élégance que de réalité. Il faut admirer de tels paysages, une fois pardonnée l'erreur d'histoire.

Les peintres bolonais donnèrent la plus grande

place au paysage. Cette école de peinture ressemble à celle des poëtes dont elle était contemporaine. Ann. Carrache, Dominiquin, Guide, Albane, comme paysagistes, peuvent assez justement être comparés au Tasse. Des deux parts, paysage qui abonde et s'épand; mais de la convention, plus d'élégance que de naturel, plus de talent que de génie, plus d'imagination que de source vive, une nature arrangée, des jardins plutôt que des champs et des bois. A partir de cette époque, c'est le paysage surtout qui a régné dans l'art italien. Chez Bolonèse, chez Mola, il est traité avec finesse, souvent avec bonheur; mais, un peu plus tard, le style pittoresque de l'Italie se clôt chez ces mêmes Bolonais qui lui avaient ouvert une nouvelle phase, à force de talent à défaut de spontanéité première et d'inspiration.

L'art du paysage avait délaissé l'Italie, sa terre classique, pour des régions où le soleil n'épanche pas les mêmes trésors : pour la Hollande d'abord, où nous l'avons suivi; mais aussi pour la France, qui s'ouvrit à son tour, et mit ses plus grands peintres au service du noble étranger.

III

En matière de paysage, il n'y a rien en France avant le dix-septième siècle. Il naît dans sa gloire; son maître est Poussin. Ce grand peintre vivait en Italie vers le temps où les Bolonais achevaient de briller, et avait allumé son génie à la flamme pâlie de ces maîtres. Il interrogeait la nature; il étudiait l'antique; il s'attachait à réaliser au dehors l'idéal de beauté dont il portait en lui la manifestation la plus haute. Poussin réunit dans ses paysages toutes les qualités du grand style: les lignes superbes, les plans multipliés, les ciels chauds et légers, la perspective aérienne, l'art sans rival de disposer sur sa toile tous les motifs d'une nature héroïque. Bien qu'il soit Italien par le séjour et par le travail, le peintre des Andelys est demeuré Français par le caractère de son œuvre et celui de son génie. La muse pittoresque possède chez lui la grandeur tempérée, l'imagination discrète, la sagesse admirable; son spiritualisme, en quelque sorte cartésein, comme celui de Racine ou celui de Fénelon, se contient de lui-même dans des limites assurées que jamais il ne franchit. Ses qualités sont, en un mot, des qualités françaises, supérieures, mais auxquelles ne se joignent pas au même degré d'autres qualités éminentes : la couleur, l'essor libre et le mouvement.

Quant au paysagiste lorrain, il est demeuré tellement Italien, tellement du pays du soleil, que la France ne peut guère revendiquer un si grand homme que par les bénéfices de l'état civil.

Dans l'âge suivant, notre pays eut une école qui fut exclusivement la sienne et ne chercha plus son inspiration dans l'idéal italien ; les peintres d'alors abordaient la nature, en jetant leurs regards sur les parcs et les jardins par la fenêtre du château. C'est le temps des bergeries, pareilles, à divers égards, chez Lancret et chez Dorat, chez Boucher et chez Florian, nature factice comme les personnages avec lesquels on prétendait l'animer, couleur fausse comme le vert clair si aimé dans Boucher ; dessin équivoque, perspective rare, absence de choix dans les motifs, et par-dessus tout l'affectation : malgré cela, de la facilité, de la grâce, parfois de l'originalité. Quelques peintres du temps apportent néanmoins dans le paysage des qualités qui manquent à Boucher. Watteau, Lancret, Pater, ont des œuvres qui, une fois admise la nature satinée, pailletée, brillantée, et les jardins de façon mis à la place de la nature vraie, possèdent la vérité, le mouvement, l'air, le dessin pur, et la couleur chaude, fine et dorée, comme on la rencontre en particulier dans quelques toiles de Pater. Cette manière eut son cours; le sensualisme cessa d'asservir l'art; Vien et David opérèrent une renaissance dans le sens du goût antique, avec le but très-légitime de se rapprocher de l'idéal.

Je n'ai point à caractériser cette école, qui s'attacha surtout aux sujets héroïques, et qui a laissé des pages dont la célébrité a pu être affaiblie par le temps, mais qui, malgré leur insuffisance reconnue en certains points, ont dû rester comme des monuments de la grande peinture. On a reproché à ces peintres le manque de couleur, de relief, l'abus des formes académiques, l'exagération du nu et des habitudes de la statuaire, l'immobilité. Ces défauts, qu'il serait peu juste d'accepter d'une manière absolue à l'égard de David et de sa pléiade, sont trop réels quant au goût qui régna après ces maîtres et au sortir de leurs écoles : sécheresse, conception pauvre, fausse antiquité, caractères qui furent ceux de l'art sous l'Empire et se prolongèrent jusqu'au commencement de la Restauration.

Le paysage appartenait à ces traditions ; il fut sans portée. Si la peinture héroïque se perdait chez une multitude de peintres sans renom, du moins Gérard, Guérin, Girodet, étaient des maîtres ; sans délaisser l'école de David, ceux-là n'étaient pas étrangers aux régions purement humaines, tout en maintenant la dignité de l'école dans des hauteurs voisines de l'idéal. Mais, chez les paysagistes de cette époque, il y aurait peu de chose à citer ; l'oubli a tout enseveli. On peut en juger par ce que le Louvre a recueilli des paysages de Bertin et de Valenciennes, œuvres tristement correctes, arbres sans racines et sans nœuds, bois sans profondeur, retraites sans mystère, verdure sans nuances, ciel sans lumière, nature sans végétation, eau sans fuite et sans reflet. Et quelle couleur ! C'était le paysage d'alors.

CHAPITRE XIX

LE PAYSAGE DANS L'ART CONTEMPORAIN

I

Comme, dans une mer calme, la marée se montre à l'horizon et ramène le mouvement sur la mer et les flots dans le port qu'ils ont délaissé, ainsi, vers 1812, le mouvement se manifesta dans l'école trop immobile de David. Gros, émancipé le premier, entré dans l'histoire moderne par les batailles impériales, rappelle la couleur et la vérité dans les peintures historiques. Géricault, achevant de secouer le joug, fait de sa peinture une vive expression de la réalité; Sigalon se montre bon coloriste aussi bien qu'habile dessinateur.

C'est le moment des efforts de l'école littéraire, qui fut appelée romantique, pour décider le triomphe de la réalité sur le convenu, du sentiment historique sur l'académie de mannequin et le poncif d'atelier, le triomphe de la vie sur la surface inerte, de la couleur locale, ardente et vénitienne, sur les froides habitudes d'une école qui croyait avoir tout accompli avec la ligne sèche et correcte d'un dessin sans mouvement et sans lumière. Le contre-coup du romantisme littéraire s'opéra aussi dans l'art pittoresque; et alors se formèrent les écoles qui existent encore au temps où nous vivons.

On peut dire que jamais, à aucune époque, il n'a régné une aussi grande diversité de goûts, de manières, de procédés. Il y a eu tour à tour un égal engouement pour tous les genres. Au sortir du goût exclusif de l'antiquité mal comprise et sentie à faux, on s'est pris d'une ardente passion pour le moyen age. Un poëte, plus pittoresque que bien des peintres, a fait, à cette époque, de vrais prodiges en fait de vérité locale et de couleur. Puis ce fut la Renaissance, le seizième siècle qui charma; le dix-huitième enfin, longtemps délaissé, reprit faveur, et le sensualisme est revenu dans la forteresse désemparée. En ce moment enfin, tous les genres sont acceptés ; on a une grande perfection de main, une habileté de Protée qui ne saurait faire défaut. On bâtit des basiliques romaines, des cathédrales gothiques, des maisons renaissance, des édifices antiques qui semblent exhumés de Pompeïa et restitués. L'Exposition universelle a montré cette diversité dans tous les arts plastiques ; tout se rencontre, tout, excepté le caractère personnel et l'originalité.

En peinture, l'école française est assurément supérieure à toutes les autres ; elle a fait ses preuves en 1855 ; elle compte les paysagistes les plus distingués ; beaucoup ont le sentiment de la nature, et presque tous ceux qui se sont fait un nom possèdent au moins le talent, je veux dire l'art de composer et de peindre. L'école de paysage est demeurée assez généralement étrangère aux excentricités, auxquelles d'autres branches n'ont pas craint de se laisser aller. Mais là aussi il y a les dessinateurs et les coloristes, les classiques et les fantaisistes ; ceux qui se rattachent aux écoles italiennes peignant une nature convenue, et ceux qui, choisissant une nature de sentiment, ne sont pas sans rapports avec les peintres hollandais.

A la tête de ce double système, deux maîtres surtout se sont comme assujetti l'art entier de cette époque. Ingres possède le trait, et avec lui la dignité, la grandeur, la simplicité; nul comme lui, depuis ces trois siècles, n'a fait plus d'efforts heureux pour se rapprocher du maître par excellence, du divin Sanzio ; Delacroix, un vrai Vénitien, celui-là, peint d'un tel coloris, qu'on dirait vraiment qu'un pinceau, tenu, il y a trois siècles, par Véronèse ou par Titien, s'est retrouvé de nos jours entre les mains de ce grand peintre. Delaroche, qui vient de disparaître, était le conciliateur, il portait à un degré éminent, mais tempérée l'une par l'autre, la double qualité qui crée les Ingres et les Delacroix. Comme quatrième grand nom, placez Arry Scheffer, l'expression la plus remarquable d'un beau talent de coloriste, mis au service de la plus poétique, de la plus vive, de la plus tendre imagination, et vous aurez, avec ces noms et les idées qu'ils représentent, à peu près toutes les prétentions, toutes les tendances de l'école française, considérée en général, et ici en particulier (puisque tel est notre objet), dans le paysage.

II

Il n'est guère possible de soumettre à une revue, même très-rapide, l'école paysagiste contemporaine, sans la rattacher au grand peintre dont la carrière s'est tragiquement close, il y a déjà plusieurs années, à Léopold Robert. Les *Moissonneurs* et les *Vendangeurs* peuvent être, à certains égards, regardés comme des paysages. Comme ils vivent, comme ils sont poétiquement heureux, ces travailleurs qui reviennent le soir, après la journée des vendanges ou celle des moissons ! Quelle beauté noble dans ces femmes, celle surtout qui tient l'enfant et pyramide dans la lumière au sommet du char des moissonneurs ! Que de vérité et de variété dans les visages, dans les attitudes, dans les mouvements ! Ils chantent, et leur ivresse est vraie, mais tempérée, digne et contenue par la pensée et aussi par la dignité de l'art. Rien n'est plus beau que de telles œuvres. Composition, dessin, couleur, harmonie, soleil radieux parmi les vastes plaines, sur les longues lignes de l'horizon romain ; rien n'y manque. Il est évident que, quels que soient les mérites de couleur que possède Léopold, s'il appartient à une école, c'est plutôt à celle du dessin, et qu'il sera justement regardé comme le premier des paysagistes de l'idéal dans notre âge.

Cette même école compte des maîtres parmi les contemporains. Il faut citer surtout un artiste d'un ordre très-élevé, M. Paul Flandrin. A défaut de la réalité vive, celui-ci a la distinction, l'élégance, la pensée, l'excellent goût. Son œuvre descend en droite ligne des paysages du Poussin, elle a sa vertu dans le style, et, en même temps que l'habile peintre se rapproche d'une si haute origine par le choix, l'agencement, l'art de grouper, de disposer les plans et d'inventer les motifs, il a aussi quelque insuffisance dans la couleur.

Un paysagiste de l'école du style qui s'est fait un nom de premier rang en ce genre est M. Corot. Ce peintre, bien qu'appartenant à une école qui ne prétend pas au réalisme, est d'une vérité charmante, pour peu que l'imagination, qui a le droit de reine dans l'appréciation des arts, veuille s'y prêter. Là, vous trouvez des bocages au fond desquels se montrent, parmi des motifs d'architecture grecque, des nymphes qui dansent et s'ébattent, des bergers qui vont disputer le prix du chant, divers motifs des bucoliques virgiliennes, l'eau qui luit au soleil, quelque fontaine qui murmure et laisse voir son lit de cailloux, la haie autour de laquelle bourdonne l'abeille d'Hybla, le peuplier qui frémit sous le vent et dont le soleil illumine la cime, enfin le *frigus opacum* dans l'épaisseur du bois. Ajoutez à ces mérites un ton azuré, qui, en revêtant les paysages de M. Corot, amortit les feux du ciel et répand sur la vaste nature une teinte lumineuse, mais voilée, ayant son charme dans son vague, et qui n'est pas dépourvue de vérité poétique. Toutefois ce peintre ne se défend pas assez d'une certaine tendance à l'idéalisme. Un écrivain, posé dans la critique de l'art, en fait la remarque avec quelque sévérité : « On dirait parfois que le paysage n'est pour M. Corot qu'un prétexte d'exprimer son impression ; il ne s'occupe pas assez de la forme et des lignes ; il poursuit l'effet général et arrête peu les détails, se bornant à indiquer les masses d'un pinceau léger. Tout est comme enveloppé d'une gaze flottante, l'individu est absorbé par l'ensemble ; c'est le panthéisme dans la peinture, une poésie vague, amollissante, qui ôte tout ressort à l'âme et la jette dans une rêverie sans but [1]. »

C'est encore un peintre de style que M. Français ; ce qu'il affectionne, ce sont les paysages d'Italie, les beaux arbres, les buffles dans les grandes herbes, les longues chaînes de coteaux avec une parfaite précision de lignes et de contour. D'autre fois aussi, mais sans jamais déroger, ce peintre, classique sans rigueur, vous retracera des scènes familières et des sites de tous les jours, un sentier dans les blés, ou les blés eux-mêmes, vivants et mûrs, qui s'agitent, avec les coquelicots et les bluets, dans la vaste plaine et jusqu'à l'horizon. La touche de ce peintre est, sinon hardie, du moins sûre ; ses ciels sont purs ; sa lumière, chaude et brillante, mais peut-être d'un rouge trop intense, ruisselle du haut du coteau, parmi les ombrages

[1] M. Eug. Loudun, *Salon de* 1857.

de la vallée, et fait rouler aux flots de la rivière d'ardentes étincelles.

M. Bellet appartient à cette même école, et se fait remarquer par de beaux paysages d'Orient et d'Italie, par l'éclat de la lumière, la couleur énergique, et un soleil enflammé qui ne serait pas désavoué par le pinceau de Decamps lui-même.

Un autre paysagiste qui se tient avec le plus de constance dans les régions de l'idéal est M. Aligny. Celui ci, avant toute chose, cherche le style et poursuit l'idée; son imagination est grande et n'est pas étrangère au sublime. Nul comme lui ne représente une nature étrange, que l'on n'a pas vue, que l'on conçoit seulement; des rocs entassés les uns sur les autres et offrant un aspect formidable, comme dans le *Prométhée sur le Caucase*. Mais ici, on peut le reconnaître, le spiritualisme poursuivi par le peintre est bien près de trouver son excès, il confine à l'idéalisme. Le sentiment de l'antique, le dessin noble et sévère, magnifique au point de vue de l'idéal, ne sauraient compenser l'âpreté de la couleur, souvent son absence; la sécheresse est inévitable quand le peintre sacrifie plus à l'abstraction qu'à la réalité, quand l'œuvre ressemble plus à un bas-relief qu'à une nature qui vit, qui chante, qui s'épanouit. Dans quelques tableaux de sujets antiques, mais moins extrêmes que le *Prométhée*, M. Aligny a adouci en partie les austères qualités qui le distinguent ; sans rien diminuer de la correction de ses lignes, il a su verser sur la nature hellénique et sur les débris de l'art athénien une lumière sereine et pénétrée de douceur autant que d'éclat.

Parmi les peintres de la nature grecque, de l'art grec, M. de Curzon a obtenu un succès croissant, il peint avec une distinction, une vérité, un style qui est loin de dédaigner la nature en essayant de s'approcher de l'idée.

III

La seconde école, celle de la couleur, de l'accent, de la nature réelle, est aujourd'hui dans sa pleine floraison. Elle naquit après 1830, et s'attacha à deux choses, la couleur et le mouvement [1].

[1] En admettant cette division entre deux écoles, il ne s'agit pas

Decamps, pour le genre et pour les sujets bibliques, se plaça au premier rang. Dans les paysages proprement dits, on commença, sur la trace des Flamands, à se plaire aux petits sujets pleins de caprice, de mystère, de sentiment, de vérité surtout. Un des premiers, M. Giroux offrit des scènes plantureuses où une nature exempte de convention était prise au sérieux, traitée avec vigueur et dans les justes proportions de sa vérité locale. Watelet, un peu auparavant, n'avait pas atteint suffisamment, malgré de louables efforts, les qualités qui tiennent au choix et à la distinction, la couleur des eaux, des arbres, des monts, tout ce qui constitue la beauté pittoresque. L'impulsion était donnée, et le progrès établi.

Vers le même temps, M. Flers donnait, avec une grâce charmante, des sites d'une entière simplicité, tels que tous ont pu les rencontrer tous les jours sous leurs pas. M. Théodore Rousseau, qui excita beaucoup de réclamations pendant plusieurs années, fut celui qui se sépara le plus vivement, et non sans éclat, de l'école classique. Il

de quelque chose d'absolu, mais de marquer des nuances diverses, une double tendance.

y a dans ses paysages une nature qui surprend et qui émeut ; s'il laisse à désirer pour le dessin, pour la correction des figures, il sait les profondeurs bocagères, les plans, les fuites reculées, l'éclat du ciel ; nul ne sait mieux vous entraîner avec lui au fond d'un bocage, où, sous le ciel brumeux, quelques eaux dormantes aux sombres reflets entretiennent sur leurs bords la fraîcheur des herbes vertes, les belles fleurs que perle la rosée, et qui se multiplient sous le pinceau avec une recherche égale de la couleur et du dessin.

M. Diaz a les qualités, il a les excès de cette école. Pas de talent plus populaire que celui de ce peintre habile, pour l'art avec lequel il fait tomber une lumière à la fois abondante et discrète, au fond d'un bois, sur des nymphes bien charmantes, quoique d'une antiquité plus que douteuse ; mais, dans les ciels de ce peintre, épais et chargés d'empâtements, on cherche en vain l'azur limpide des ciels chez les maîtres hollandais. Du reste, il y a des toiles signées de M. Diaz où l'on trouve à cet artiste une manière plus franche, plus réelle, un dessin plus ferme, un ciel plus pur, du vrai paysage, sans recherche et sans parti pris.

M. Paul Huet est un de nos paysagistes les plus en renom; les sujets qu'il préfère sont le paysage en ce qu'il a de plus nature : soleil d'été, soleil d'automne; heures diverses du matin ou du soir. Pour chaque phase il a sa nuance, sa richesse graduée, la verve inépuisée de sa couleur. Il connaît les intérieurs de forêts éclairées d'une piquante lumière, les beaux lointains que baigne cette lumière à son couchant, la perspective, le ciel limpide, le fleuve ou le marais reflétant la végétation de leurs rives; enfin c'est un poëte, de ceux qui ne font pas poser la nature devant eux pour la décrire en naturaliste, mais pour la sentir, pour l'aimer, pour la chanter intérieurement avant de la peindre.

— En dehors des préoccupations d'école, ou plutôt participant de l'une et de l'autre tendance et cherchant à en réunir les avantages, nous possédons des paysagistes d'une valeur éminente. M. Cabat, disciple de M. Flers, après avoir passé par l'Italie et s'être arrêté quelque temps à la grande manière du Poussin, a fini par introduire dans le caractère sérieux, profond des beaux sites dont il demandait le souvenir à son imagination, quelque chose de plus intime, de plus vif, de plus hollandais, de plus lui-même, un sentiment exquis et passionné de la nature rustique, la fraîcheur, la vie, l'idéal sous le réel. Avec un goût analogue, s'est montré et a grandi à chaque exposition successive M. Troyon, paysagiste de haut ordre, qui peint les ciels avec une grande vérité de tons et de lumière, et sait comment on s'y prend pour dérober à la terre les richesses dont elle est semée, et les reproduire sur une toile vivante. Cet artiste possède une couleur douce, sereine; mais généralement les tons qu'il préfère ont quelque chose d'argenté et de gris, qui fait tort parfois à l'éclat comme à la solidité de sa peinture, tout en lui donnant le cachet de l'artiste en même temps qu'un charme particulier.

Un peintre dans le genre de ceux qui précèdent, et qui gagne aussi chaque année, est M. Daubigny. Ses œuvres, qui, dans l'origine, étaient plutôt ébauchées que terminées, ont appàru plus tard vives et vraies autant que sérieusement dessinées. M. Daubigny est un Hollandais *redivivus;* il sent la nature comme il la comprend, avec autant de cœur que d'esprit. Chez lui les bois, les prés, les marais, ne sont pas arrangés, mais surpris tels qu'ils sont, dans leur réalité, dans leur nature. Les eaux sont claires, elles coulent et murmurent; l'air circule ; les nuages flottent, légers et fluides, dans un ciel qui n'a rien de dur et qui se laisse pénétrer; la verdure est fraîche et le peintre sait l'art des nuances.

Nous ne pouvons parler de nos peintres qu'avec mesure, sans nous arrêter sur leurs œuvres; il en est beaucoup d'autres qui sont parfaitement posés dans le paysage et dont la renommée ne peut que s'accroître; ainsi MM. Belly, Leroux, Jules André, Desgoffe, Lavielle, Palizzi, Hédouin, Millet, Lapito, Brion, Coignard surtout, comme peintre de paysages peuplés de superbes animaux; puis d'autres noms que le public connaît, qu'il aime ou qu'il accueille avec espérance, et que le défaut d'espace nous empêche de rappeler. Il y aurait aussi les artistes qui se sont attachés à des coins du paysage de la nature, qu'ils ont reproduits avec un génie particulier : tels sont M. Saint-Jean, qui dépasse Van Huysum pour le sentiment de la fraîcheur ruisselante, de la sensibilité et de la vie dans les fleurs, et M. Couturier pour la basse-cour, pour ces familles d'oiseaux malvolants, mais si bien vivants, et chez qui se trouve la vérité familière, peu de grâce, mais tout accent, mouvement et prestige de la couleur.

IV

En résumé, l'école française du paysage se fait remarquer par de vrais succès, et, malgré la diversité des tendances, il y a aussi un accord assez général pour les bonnes pratiques et les traditions du bon goût. Toutes les qualités ne sont pas, il est vrai, partout au même degré; non-seulement il faut trop souvent regretter la beauté idéale, mais encore, en fait de réalité, une juste exigence n'est pas toujours satisfaite. L'eau n'est pas toujours claire et mobile, le ciel toujours profond et pur, les nuages transparents, les nuances de la verdure marquées selon la nature des arbres, les accidents des saisons, de l'atmosphère et des heures; la science du clair-obscur... Mais je m'arrête; ma tâche, dans ce livre de théorie sur le paysage, est surtout de montrer les modèles, tant modernes qu'anciens, de louer les efforts, de saluer les œuvres éminentes, de constater les progrès.

En général, ce qui semble prévaloir, c'est un réalisme modéré; on aime les scènes rustiques, les intérieurs de forêts, les clairières et l'eau des marécages, avec leur double peuple d'êtres animés et de fleurs, une cabane sur la lisière d'un bois, motifs simples, de peu d'importance, goût hollandais. Rien de tout cela n'est à blâmer. Mais aussi les artistes doivent se souvenir que l'art ainsi conçu est le plus facile à atteindre, car il n'a pas de hauteurs. Avec un talent acceptable et de la pratique d'atelier, sans beaucoup de frais d'imagination, on peut plaire ; mais ce n'est pas assez : il faut émouvoir, il faut charmer; il faut, comme les Potter et les Berghem, dans ces motifs que l'on ne prend pas la peine de choisir, placer, non-seulement la vraie lumière, la vraie couleur, le vrai dessin, mais encore il faut savoir y introduire la flamme intérieure, le je ne sais quoi qui vit, qui respire, qui est le sentiment.

Et maintenant, si quelque peintre de talent qui,

lorsqu'il veut cesser de se préoccuper de théories et ne pas sacrifier de préférence à la laideur, est un solide paysagiste, possédant la touche et l'ardeur, s'obstine à prêcher les doctrines du réalisme dans le paysage, disant que toute nature est bonne à peindre, par là seulement qu'elle est vraie, exaltant le réel pour abolir l'idéal, et jetant la division dans le camp des artistes, nous ne serons pas ému par ces semences de discorde. A ces théories étranges, à ces doctrines contraires à la tradition comme à la conviction de tous les âges, qui poussent au mépris de l'idéal et de tout ce qui relève la dignité de l'art, je répondrai en essayant d'apporter une parole conciliatrice, comme on le verra au chapitre qui suit.

CHAPITRE XX

CONCILIATION

I

Au fond, y a-t-il une querelle? Existe-t-il, en littérature et en art, deux écoles distinctes, irréconciliables, l'école de l'idéal et celle du réel? La manie de dogmatiser sur les théories doit-elle être substituée au travail paisible, sincère, consciencieux, sûr de lui-même, marchant selon ses forces et sa tendance propre, au point où l'entraîne et en même temps où l'arrête son essor? Ou plutôt ne serait-ce pas qu'un dissentiment qui éclate d'une manière si bruyante dans le champ des théories n'a pas en réalité la portée qu'on lui suppose?

Il y aura, sans doute, toujours dans l'art, selon la diversité des talents, deux tendances diverses. l'une et l'autre légitimes, parce qu'elles correspondent aux éléments essentiels de notre nature, pourvu que l'on ne poursuive pas un but exclusif. Il y aura des réalistes, ceux qui aimeront à s'ébattre parmi les choses sensibles, qui peindront avec ardeur, pressant la réalité, de manière à s'en rapprocher le plus possible, à transporter dans leur toile l'empreinte du vrai. Mais ceux-là, j'entends les intelligents, ne sauraient se condamner à ne rien choisir, à ne rien rehausser, à chercher ce qui est laid, au physique ou au moral, à ne pas relever par l'imagination, par l'idée, par le style, le terre-à-terre des détails.

D'autres artistes de tendance idéaliste, préoccupés de l'idée, cherchant le beau et sachant le rencontrer, savent aussi qu'il ne suffit pas de poursuivre seul un idéal impossible, qu'il faut s'arrêter dans les régions humaines, révêtir l'idée de ce qui fait sa vertu, sa substance, de ce qui se fait sentir et comprendre, la réalité fidèlement imitée, la couleur, le relief, la perspective; en un mot, tout ce qui est la nature. Autrement, que m'importe leur philosophie, à moi qui leur demande des images, et qui veux trouver des idées à travers des impressions?

On se dispute; mais, arrivé au fait, c'est-à-dire à l'œuvre, est-on vraiment en désaccord? Y a-t-il un artiste qui ait dit : « Je me dévoue à ce qui est laid? Je ne l'accepterai pas seulement dans une mesure restreinte, corrigé en quelque sorte et adouci par l'artifice de l'art, et pour mieux faire ressortir le beau, de même que l'ombre ne doit pas être négligée à côté de la lumière; non, je copierai la nature dans sa vulgarité la moins digne, l'homme dans son infirmité, le crime dans sa nudité, le vice dans ses ardeurs dévoilées; je ne veux pas de la pensée, de la vérité haute, de la vie relevée et de l'âme qui la glorifie. » Personne n'a parlé comme cela, et tel qui s'imagine peut-être, comme le personnage de la comédie, ne parler qu'en prose, est poëte, et possesseur d'un pinceau qui parfois s'exprime en très-beaux vers.

Idéalistes qui n'admettent pas la réalité, réalistes qui rejettent l'idéal, sont également dans l'erreur; les uns et les autres ont donné leur démission; ils ne comptent pas en matière d'art. Il y a deux vérités : elles sont opposées, en ce sens qu'elles contrastent tout en se complétant : celui qui les suppose contradictoires, en rejetant l'une, se condamne à l'impossibilité. Après cela, gardez vos tendances; la nature le veut ainsi; toute intelligence n'est pas apte également à toute chose; l'essor du génie a ses voies qui lui sont particulières. Il y en a qui obéissent plus volontiers aux entraînements de la nature visible, à la passion, aux sens; d'autres s'attachent davantage à l'idée. Toutes les couronnes ne sont pas des mêmes fleurs, cela est vrai; mais aucune des fleurs qui les composent ne saurait dédaigner ces deux choses-ci : la couleur et le parfum.

II

C'est pourquoi, pour nous du moins, peuple d'amateurs, *populus sumus*, disait Horace, mais peuple intelligent et choisi, arrière le parti pris, les divisions d'école, le choix d'un drapeau! J'admire vos qualités particulières, peintres de la ligne, peintres de la couleur, mais je ne brûle pas ce que vous ne voulez pas adorer ; je rends hommage aux qualités que vous avez, tout en regrettant les trésors qui vous manquent.

Quoi ! je n'aurai pas assez d'étendue dans l'esprit pour embrasser d'une commune sympathie des qualités diverses, et pour ne pas demander à tous des qualités qui soient identiques ! Mon clavier sera-t-il donc si borné ! Vous me permettez un octave à peine, quand je me sens un registre qui suffit pour trois. Dans le paysage de la nature, je monte aisément les diverses gammes de beauté, la nature paisible, la nature agitée, la nature terrible, les champs, les flots, les hauteurs redoutées. Il en est de même en matière d'art ; on peut certes aimer à la fois Ruysdaël, Gelée, Poussin, Van der Neer. Vous ne défendez pas d'unir dans un commun amour le touchant idéal du Sanzio et l'ardent coloris, le splendide réalisme d'un Titien ou d'un Rubens. Pourquoi faut-il procéder avec partialité quand il s'agit de l'art d'à présent ; se déclarer de l'école des dessinateurs ou de celle des coloristes, rompre encore des lances pour les anciens ou les modernes, pour Gluck et pour Piccini, et se demander, avant de se livrer à une juste admiration, si ce grand peintre est de Rome ou de Venise, s'il s'appelle Ingres ou s'il s'appelle Delacroix ?

C'est là ce qui se passait, et avec autrement de violence, à l'époque où le romantisme s'établit. Nous nous souvenons de ce temps. Le drame shakespearien se révélait ; pour la première fois, en France, on était appelé à saluer ces créations surabondantes de vie, de mouvement, de caractère, de passion, le grand souffle de nature, qui se montrait dans ces drames sublimes, *Macbeth*, *Hamlet*, *Roméo*. C'était beau, c'était une conquête pour la scène agrandie. Sans doute ; mais devait-on fouler aux pieds la couronne immortelle de l'auteur de *Phèdre*, d'*Andromaque*, d'*Athalie*, de celui qui avait été le cygne le plus mélodieux des temps modernes ? Grande erreur ! il fallait seulement voir que Shakespeare et Racine ne se touchaient par aucun point de comparaison. Il y avait là deux natures diverses que l'on devait admirer chacune pour sa part, deux chaînes différentes, mais suspendues au même anneau d'or, qui est la beauté. Variété ! un grand mot en littérature ; il faut du nouveau, « n'en fût-il plus au monde ; »

mais il y en a toujours, du nouveau, car l'ancien se renouvelle. Il suffit de citer quelques noms : Homère, Virgile, Corneille, Dante, Byron, que de diversité! En voilà des dessinateurs et des coloristes! Vous me dites de choisir; j'en serais bien fâché, vraiment; j'ai de la place pour tous, et pour bien d'autres, s'il était possible. Seulement je ne demande à aucun de ces génies ce qu'il ne pourrait me donner qu'à la condition de n'être plus rien, par la seule raison qu'il ne serait plus lui.

Avec une doctrine comme celle que nous soutenons, il est clair que, si l'intolérance est quelque part, ce n'est pas du côté du spiritualisme.

III

Mais on dogmatise, sans autre but que de dogmatiser, ou pour justifier certaines témérités, d'excentriques productions dont on se défie avec quelque raison.

Puis, il ne faut pas s'y tromper, la question du réalisme est loin d'être isolée; elle dépasse de beaucoup la portée qu'on lui suppose. C'est une question fondamentale de philosophie, qui se réfléchit sur l'art et s'attache à le dénaturer comme tout le reste. Transportée sur ce terrain et considérée comme métaphysique, on ne saurait nier son importance. Le réalisme est ancien, il est de tout temps comme système ; ses traits sont trop marqués pour qu'il soit permis de les méconnaître ; son nom primitif et patronymique est connu ; il s'appelle le matérialisme.

Si vous croyez qu'il n'y a que des sens en nous, que nous ne sommes rien, sinon des transformations de sensations, que l'esprit ne rayonne pas à travers les impressions sensibles qui sont tout ; si vous rejetez la doctrine de l'intelligence supérieure aux sens et de la volonté qui doit leur commander, notre doctrine de l'idéal est bien vaine et ne s'adresse pas à vous ; alors le réalisme est la vraie, l'unique doctrine en matière d'art. Si le sensualisme est la vérité, il faut que l'art s'incline et subisse le joug; qu'il descende de ses hauteurs, et déclare qu'il ne sait rien au delà de l'objet matériel, qu'il ignore le bien, l'idéal, la splendeur de la vérité ; qu'il rejette à la fois l'inspiration et l'aspiration, le souffle de Dieu dans l'âme et le souffle de l'âme vers Dieu.

Dans un livre publié il y a déjà bien des années, je signalais l'immortel ennemi qui menaçait déjà d'asservir l'art. Depuis il a singulièrement repris du terrain sur tous les objets les plus graves de la pensée sociale, morale, religieuse; la lutte ne saurait s'endormir, elle subsiste aujourd'hui comme alors.

« Il me semble, disais-je, que le moment de la réaction est venu, que son travail sourd et précurseur a commencé. La pensée spiritualiste a atteint de nos jours son point culminant. Or c'est au point culminant d'une doctrine que les esprits intelligents surprennent les préludes du déclin. Le même rayon qui dore le sommet d'une vague et qui révèle sa hauteur éclaire aussi l'insensible oscillation qui va précipiter la chute de ce flot mobile devant celui qui s'apprête à lui succéder. Aujourd'hui donc il y a péril imminent.

« Le mouvement en arrière a été donné; qui l'arrêtera? qui marquera le lieu de station où les vainqueurs d'un jour voudront bien laisser reposer l'esprit humain sur un terrain neutre qui ne sera ni la philosophie de la matière ni celle de l'esprit? Il ne faut pas l'espérer, car ici le milieu n'est pas possible; il faut que le monde appartienne ou au spiritualisme ou au matérialisme. Si ce dernier triomphe, ce sera pour lui une victoire complète; or, quand il est le maître, on sait comme il fait bon marché de ses nobles captifs, et si l'esprit humain, que dès l'abord il déshérite de sa plus précieuse conception, est accoutumé à se louer de la générosité d'un tel ennemi.

« L'ensemble des vérités qui composent une philosophie spiritualiste est une oasis où il doit être toujours permis d'aborder durant notre court pèlerinage dans ce désert, mais il faut savoir contenir le spiritualisme dans les bornes qui lui appartiennent. Les théories excessives ne sont qu'un assemblage de sable éclairé par les prestiges fugitifs de la lumière; elles ne savent rien qu'offrir aux regards altérés un mirage fragile et trompeur, dans lequel ne saurait croître ni plante, ni verdure, ni aucune durable végétation.

« C'est pourquoi il y a nécessité de chercher les limites légitimes, et de maintenir les théories à une hauteur qui les sauve du contact avec les abaissements de la terre et les dérobe aux regards faibles que la science n'a pas fortifiés, mais toutefois à une hauteur assez modérée pour que l'esprit intelligent ne se fatigue pas à les considérer sans les voir[1]. »

Si je ne me trompe, la question est toujours là : concilier les deux principes et se garantir de l'excès. Mais ce qu'il y a à faire surtout, dans l'art comme dans le reste, c'est de veiller au spiritualisme ; c'est à cela qu'il faut s'attacher, qu'il faut travailler, comme madame de Sévigné recommandait de « travailler à son âme. » Les sens sont une partie de notre nature, qui en doute ? mais ils ne sont pas toute notre nature. Rien ne saurait entrer dans l'esprit sans avoir été occasionnellement déterminé par les impressions sensibles ; mais il y a un monde de vérité, de lumière, de sainteté au-dessus de celui des sens ; il y a la région de la réalité vraie par delà celle de l'apparence ; il y a une nature qui ne se voit pas, dont celle qui se voit est un miroir plus ou moins transparent ; au-dessus du paysage de la nature, de

[1] *Philosophie des arts du dessin*, p. 462 (1858).

celui de l'art, et leur donnant à l'un et à l'autre leur sens et leur vertu, il y a la pensée.

Tout vient de nous, de ce qui est spirituel en nous. Nous donnons nos propres qualités à la nature; nous disons qu'elle est belle, touchante, harmonieuse, qu'elle possède la symétrie, la proportion, l'ordre, parce que ces qualités sont celles de notre âme, et qu'il nous appartient d'en retrouver l'expression au dehors, dans ce qui n'est pas nous. Et alors nous les prenons, ces mêmes qualités, à la fois en nous-mêmes et dans la nature, pour les transporter dans quelque œuvre qui est la nôtre, pour les réaliser dans l'art, lequel se trouve être à la fois l'expression de la pensée qui demeure en nous et celle de la pensée qui, émanée de nous-mêmes, est reflétée par la nature.

En même temps qu'il échappe à l'entraînement panthéistique, aux impalpables produits des conceptions hégéliennes, l'art, pour être digne de ce nom, doit surtout se soustraire à l'infirmité d'autres théories, celles qui tendent à captiver son aile blanche dans les bas-fonds du matérialisme. Ainsi ne fera-t-il pas divorce avec la philosophie de l'esprit, avec la sagesse des meilleurs âges, qui enseigne ce que les sens ne sauraient donner, et montre, sous le voile radieux de la nature, ce qui est supérieur à toutes les manifestations sensibles, la vérité. A cette condition, les querelles seront terminées; alors il sera permis d'ouvrir toutes les voies au réalisme, transformé, épuré, spiritualisé; le réel sera le vrai, et l'idéal sera accepté de tous, comme l'air divin dans lequel l'œuvre du réalisme trouve sa vie, sa lumière et sa vertu.

FIN

TABLE

PUBLICATIONS SUR LES BEAUX-ARTS

LE SALON DE 1857

EXPOSITION DES BEAUX-ARTS

PAR M. E. LOUDUN

1 vol. in-8. — Prix : 75 cent.

Les lecteurs du livre que nous publions sur le *Paysage*, et qui touche par plus d'un point à toutes les parties de l'art, aimeront peut-être à connaître aussi l'excellent travail de M. E. Loudun. Ils y retrouveront, sous beaucoup de rapports, la doctrine de M. A. Mazure appliquée à l'examen des œuvres diverses qui ont figuré à la dernière exposition des beaux-arts. Le souvenir confus de tant d'œuvres réunies tend à s'effacer, si un petit livre facile à consulter ne vient en mettre en lumière les traits saillants. C'est avec un tel mémorandum qu'on peut suivre la marche si intéressante de l'art français dans ses aspirations diverses, et retenir les noms nouveaux qui viennent se grouper autour des illustrations de l'école. On a remarqué l'esprit d'impartialité et de modération qui règne dans cette critique. On a su gré à l'auteur d'avoir rejeté l'arme perfide de l'ironie, en cherchant et encourageant le bien, en protestant quelquefois par son silence contre des erreurs regrettables. — Mais nous laissons parler une Revue étrangère qui fait autorité et qui a distingué le compte rendu de M. E. Loudun au milieu des nombreux travaux qui ont paru en France sur le même sujet.

« Si l'exposition de 1857 n'a pas offert des chefs-d'œuvre, M. Loudun signale du moins d'heureux symptômes qui semblent annoncer un retour bien marqué vers les vrais principes du beau. Dans les arts comme dans la littérature, une réaction s'opère lentement depuis quelques années. En face des résultats déplorables auxquels a conduit le réalisme, on voit surgir de meilleures tendances, timides encore, mais propres à donner des espérances pour l'avenir. Leur caractère est la préoccupation du style, de la noblesse, de qualités longtemps dédaignées comme les attributs du genre classique, et qui reparaissent maintenant chez des peintres empreints, du reste, de l'esprit moderne. — « Ils ont récusé les principes de la fantaisie, « mais ils ne retournent pas aux errements de l'ancienne école aca- « démique; ils ont dédaigné la lettre et gardé l'esprit : ce n'est plus « le nu conventionnel des Grecs et des Romains de la première ré- « publique; les sujets qu'ils traitent sont des sujets modernes, et « la forme qu'ils s'appliquent à leur donner est la forme de l'éter- « nelle et pure beauté. »

« Cette espèce d'éclectisme, qui consiste à prendre ce qu'il y a de bon dans chaque système, nous semble en effet la méthode la plus féconde. Seulement, pour lui faire porter ses fruits, il faudrait y joindre le souffle du génie. Mais c'est ce qui nous manque aujourd'hui. M. Loudun a beau prétendre qu'à côté des tendances matérialistes de notre époque se manifeste un mouvement contraire qui la porte vers les sphères élevées, ce n'est encore qu'une inspiration vague, sans but déterminé, sans foi positive. Les principes et les croyances n'ont pas assez de vigueur pour inspirer l'artiste..... C'est du moins ce qui nous semble ressortir du compte rendu de M. Loudun, malgré la bienveillance de ses critiques. Il ne se montre juge bien sévère que pour les peintres réalistes, et nous ne l'en blâmons pas; mais dans ses descriptions de tableaux, d'ailleurs très-bien faites, il est un peu trop enclin à l'éloge, et laisse volontiers les défauts dans l'ombre. »

(*Revue critique des livres nouveaux.*)

Genève, janvier 1858.

PHILOSOPHIE DES BEAUX-ARTS

Appliquée à la peinture, contenant : l'Esthétique, ses applications, la loi des oppositions harmonieuses des couleurs et des milieux colorants, la perspective aérienne, — et la manière de peindre des anciens Vénitiens, d'après les extraits d'un manuscrit italien de l'époque contemporaine à Titien, par M. SUTTER.

1 volume in-8. — Prix : 7 fr. (avril 1858.)

Ouvrage approuvé par l'Académie impériale des beaux-arts.

SCÈNES ET TABLEAUX

Poëmes par M. J. Develey. Ces poésies nouvelles, du style le plus pur et le plus élevé, sont empreintes d'un tel sentiment de l'art et de l'idéale beauté, qu'il nous est permis de les classer parmi les LIVRES D'ART (*ut pictura poesis*).

1 Volume grand in-12. — Prix : 2 fr. 50.

ÉTUDES SUR LES BEAUX-ARTS

Essais archéologiques et fragments littéraires, par M. L. VITET, de l'Académie française. Musique, peinture, sculpture, architecture, mélanges.

2 volumes grand in-18 jésus. — Prix : 4 fr.

L'ART ITALIEN

Par M. Alf. Dumesnil. — *Les Initiateurs*. Dante, Giotto. — *Les Précurseurs*, Le Mantegna, Brunelleschi, Masaccio. — *Les Maîtres*. Léonard de Vinci, Raphaël, Michel Ange, le Corrége, le Giorgion, le Titien. — *La Décadence*. L'art théâtral, le vertige, les éclectiques.

1 volume grand in-18 jésus. — Prix : 2 fr.

GUIDE DES AMATEURS DE PEINTURE

Dans les collections générales et particulières, les magasins et les ventes, écoles italienne et espagnole, par Gault de Saint-Germain. Histoire de l'art depuis le douzième siècle. Types des maîtres, catalogues de ventes, etc.

Nota. — Cet ancien ouvrage, très-recherché des amateurs à cause du grand nombre de documents qu'il contient, a été regardé longtemps comme épuisé, et était devenu très-rare dans le commerce. Il en a été retrouvé par hasard un petit nombre d'exemplaires dans une vente publique.

1 volume in-8. — Prix : 5 fr.

LA REINE DE L'ANDALOUSIE

Souvenirs d'un séjour à Séville, par M. Paulin Niboyet, avec vignettes de M. A. Dubuisson. Séville, la cathédrale, le chœur, la Giralda, les processions, les églises, l'Alcazar, le justicier, les théâtres, les rues de Séville, la conversion de Don Juan, Don Juan Tenorio, le Musée, le palais de San Telmo, etc., etc.

1 beau volume grand in-18 jésus avec figures. — Prix : 2 fr.

PARIS. — IMP. SIMON RAÇON ET COMP., RUE D'ERFURTH, 1.

EXTRAIT DU CATALOGUE

DE

JULES TARDIEU

ÉDITEUR

RUE DE TOURNON, 13

AMERICAN AUTHORS. Nouvelle collection des meilleurs ouvrages publiés en Amérique; 18 vol. gr. in-18, jésus. Prix de chaque volume. . . . . 2 fr.

ANNALES DE L'IMPRIMERIE DES ALDE, ou Histoire des trois Manuce et de leurs éditions, par A.-A. Renouard. Troisième édit., ornée de portraits et fac-simile : 1 fort vol. in-8 à deux colonnes. . . . . 15 fr.
— In-4, papier vélin, tiré à très-petit nombre. . . . 30 fr.

ANNALES DE L'IMPRIMERIE DES ESTIENNE et de ses éditions, par A.-A. Renouard ; 1 beau vol. in-8 à deux colonnes, avec tableau généalogique. . . . . 15 fr.
— In-4, papier vélin, tiré à très-petit nombre. . . . 30 fr.

ART (L') ITALIEN, par A. Dumesnil. — Les Initiateurs, — les Précurseurs, — les Maîtres, — la Décadence ; 1 vol. grand in-18 jésus. . . . . 2 fr.

BAINS DE MER (Des). Guide médical et hygiénique du baigneur, par le Dr J. Lecœur; 2 forts vol. gr. in-8. . . . 4 fr.

BIBLIOTHÈQUE ILLUSTRÉE des classes ouvrières et des conférences de Saint-François Xavier, par Th. Nisard; 1 vol. in-8 avec figures. . . . . 2 fr. 50 c.

BIBLIOTHÈQUE ILLUSTRÉE du presbytère, de la famille et des écoles; 20 vol. in-18 avec figures. . . . . 8 fr.
Chaque volume se vend séparément. . . . . 50 c.

CATALOGUE DE LA BIBLIOTHÈQUE D'UN AMATEUR, par A. A. Renouard; 4 vol. in-8. . . . . 20 fr.
Ce catalogue contient un grand nombre de particularités intéressantes pour les bibliophiles et les amateurs. — Il est presque épuisé.

CATÉCHISME D'ÉCONOMIE POLITIQUE. Instruction familière, par J. B. Say; 1 vol. in-12, cartonné. . . . . . 1 fr.

CHARPENTIER-MENUISIER (Le) des campagnes, par Noël Pierrot; 1 vol. in-8, figures. . . . . 2 fr.

COMÉDIE DU DANTE, Enfer — Purgatoire — Paradis; traduite en vers selon la lettre, et commentée selon l'esprit, suivie de la *Clef du langage symbolique* des fidèles d'amour, par E. Aroux; 2 vol. in-8. . . . . 12 fr.
— **LA CLEF DE LA COMÉDIE** se vend séparément. 60 c.

CONTES D'UNE VIEILLE FILLE à ses neveux, par madame Émile de Girardin; 2 vol. gr. in-18, ornés de deux vign. 5 fr.

CONTES POPULAIRES. Préjugés, patois, proverbes de l'arrondissement de Bayeux, recueillis par Fr. Pluquet; 1 vol. in-8. . . . . 5 fr.

COURSES DANS LES PYRÉNÉES. La montagne et les eaux, par H. Nicolle; 1 vol. gr. in-18, jésus. . . . . 2 fr.

DANTE HÉRÉTIQUE, révolutionnaire et socialiste. Révélations d'un catholique sur le moyen âge, par E. Aroux; 1 vol. in-8. 7 fr. 50 c.

DIAIRE, ou JOURNAL DE VOYAGE du chancelier Séguier en Normandie, après la sédition des *nu-pieds* (1639-40); 1 vol. in-8. . . . . 7 fr.

DICTIONNAIRE FRANÇAIS-ARABE (idiome parlé en Algérie), par PAULMIER; 1 fort vol. gr. in-12. . . . . 6 fr.

DICTIONNAIRE DE LA COMPTABILITÉ générale en Belgique, par M. E. LACOMBLÉ, commis-chef aux Travaux publics; 1 vol. gr. in-8. . . . . 5 fr.

DICTIONNAIRE DES LANGUES ALLEMANDE ET FRANÇAISE, par HENSCHEL; 2 forts vol. gr. in-8. . . . . . 20 fr.

DICTIONNAIRE général de la **CUISINE** française ancienne et moderne; de l'office et de la pharmacie domestique, à l'usage des plus grandes et des plus petites fortunes; 1 fort vol. gr. in-8 à 2 colonnes. . . . . 6 fr.

ENCYCLOPÉDIE MODERNE, ou Dictionnaire abrégé des sciences, des lettres et des arts, avec l'indication des ouvrages où les divers sujets sont développés et approfondis; 2 forts vol. in-8 à 2 colonnes. . . . . 6 fr.

ÉPICURIEN (L'), par Th. MOORE, traduit de l'anglais par A. A. RENOUARD; 1 vol. in-12. . . . . 2 fr.

ESSAI HISTORIQUE et littéraire sur l'abbaye de **FÉCAMP**, par M. LEROUX DE LINCY; 1 vol. in-8, orné de 5 grav. . . 7 fr.

ESSAI historique sur l'**ÉCHIQUIER DE NORMANDIE**, par M. A. FLOQUET; 1 vol. in 8. . . . . 7 fr.

ESSAI SUR AMYOT et les traducteurs français au seizième siècle, précédé d'un Éloge d'Amyot, qui a obtenu l'accessit du prix d'éloquence décerné par l'Académie française, par M. Aug. DE BLIGNIÈRES; 1 vol. in-8. . . . . 4 fr.

Le livre de M. DE BLIGNIÈRES est un très-solide et très-curieux chapitre de l'histoire littéraire du seizième siècle, on y apprend tout ce qu'on peut savoir sur Amyot.... On y rencontre, chemin faisant, grand nombre d'observations intéressantes sur la formation et le développement de notre langue. (M. DE SACY, *Journal des Débats*, 6 janvier 1852.)

ESSAI SUR LES ÉNERVÉS DE JUMIÉGES et sur quelques décorations des églises de cette abbaye, par E.-H. LANGLOIS; 1 vol. in-8 avec figures. . . . . 6 fr.

ÉTUDES SUR LES BEAUX-ARTS. Essais d'archéologie et fragments littéraires, par M. L. VITET, de l'Académie française; 2 vol. gr. in-18, jésus. . . . . 4 fr.

FABLES ET FABLIAUX, par M. E. CATALAN, auteur du Manuel des honnêtes gens; 1 vol. gr. in-18, jésus.. . . . 5 fr.

FEMMES CÉLÈBRES (Les) de l'ancienne France. Mémoires historiques sur la vie publique et privée des femmes françaises depuis le cinquième siècle jusqu'au seizième, par M. LEROUX DE LINCY; 1 fort vol. gr. in-18, jésus. . . . . 2 fr.

GUIDE DES AMATEURS DE PEINTURE dans les collections générales et particulières, les magasins et les ventes (école italienne), par M. GAULT DE SAINT-GERMAIN; ouvrage indispensable aux artistes et aux amateurs; 1 vol. in-8. . 5 fr.

GUIDE (Le) **EN ARCHITECTURE**, ouvrage élémentaire mis à la portée de tout le monde, utile à tous ceux qui s'occupent de constructions, par LECOY; 1 v. in-12, avec 40 pl. 2 fr. 50 c.

HISTOIRE DE GIL BLAS de Santillane. Traduction arabe du livre Ier dans l'idiome parlé en Algérie, avec le texte français et le mot à mot, par PAULMIER; 1 vol. in-8.. . . . . . . 6 fr.

HISTOIRE DE NORMANDIE depuis les temps les plus reculés jusqu'à la conquête de l'Angleterre en 1066, par Th. LICQUET; 2 vol. in-8. . . . . 13 fr.

HISTOIRE DE NORMANDIE depuis la conquête de l'Angleterre, par DEPPING; 2 vol. in-8. . . . . 10 fr.

HISTOIRE DES ANGLO-SAXONS, par PALGRAVE, traduit de l'anglais par A. LICQUET; 1 vol. in-8. . . . . 4 fr.

HISTOIRE DU PARLEMENT de Normandie, par M. A. FLOQUET; ouvrage qui a obtenu le grand prix Gobert décerné par l'Académie française. Rouen, E. Frère; 7 vol. in-8. . . 40 fr.

HISTOIRE D'ANGLETERRE et Histoire générale **COMPARÉES.** Tableaux synoptiques par A. Boutruche, professeur d'histoire; 1 vol. in-4. . . . . 2 fr. 50 c.

HISTOIRE DE FRANCE. Tableaux synoptiques avec les synchronismes de l'Histoire générale, par Lombard, 4e édit.; 1 vol. in-4. . . . . 2 fr. 50 c.

HISTOIRE UNIVERSELLE. Chronologie des temps anciens, du moyen âge et des temps modernes, conforme à l'enseignement universitaire, par A. Boutruche. Un atlas in-folio. 4 fr.

HOMME (L') **ET L'ARGENT,** roman de mœurs, par É. Souvestre; 1 vol. gr. in-18, jésus. . . . . 1 fr. 50 c.

LEÇONS ET MODÈLES de littérature sacrée, par M. de Genoude; 1 beau vol. in-4, avec vignettes. . . . . 4 fr.

LETTERE MANUZIANE, inédites, copiate sugli autografi esistenti nella Biblioteca Ambrosiana, publiées par A. A. Renouard; 1 vol. in-8. . . . . 6 fr.

MANIÈRE DE PLANTER LES ARBRES en toute saison, par Moneuze-Grandjean; 1 petit vol. in-12, avec 5 pl. . 40 c.

MANUEL DES HONNÊTES GENS. Philosophie pratique de Montaigne, par M. Étienne Catalan; 1 vol. gr. in-18, jésus, orné du portrait de Montaigne. . . . . 5 fr.

M. É. Catalan, l'élégant auteur des *Fables et Fabliaux*, a eu le talent et le bonheur de traduire la philosophie des *Essais* dans cette belle et simple langue du dix-septième siècle, enrichie de tout ce qui pouvait s'emprunter à Montaigne. — Ce livre réalise *pour tout le monde* le vœu du cardinal du Perron, qui s'écriait dans son enthousiasme : Le livre des *Essais* doit être le bréviaire des honnêtes gens. (*Moniteur universel.*)

MAT DE COCAGNE (Le), par É. Souvestre; 1 vol. grand in-18, jésus. . . . . 1 fr. 50 c.

MENDIANT DE SAINT-ROCH (Le), par É. Souvestre; 1 vol. gr. in-18, jésus. . . . . 1 fr. 50 c.

MERVEILLEUSE HISTOIRE de Pierre Schlemihl, ou l'Homme qui a perdu son ombre, par Ad. de Chamisso; 1 v. in-18. 50 c.

NOUVEAU MANUEL complet des aspirants au **BACCALAUREAT ÈS LETTRES**, rédigé d'après le programme officiel, par BONNIN, chef d'institution; 6e édit., 1 fort vol. in-12. 6 fr.

NOUVELLES. — Louise. — Michel Perrin. — Rose et Thérèse, etc.; par madame DE BAWR; 1 vol. grand in-18, jésus. . . . . 1 fr. 50 c.

NUMISMATIQUE, par TOCHON D'ANNECY.
Médailles de Marinus et Jotapianus, in-4. . . . . 2 fr.
— d'Antiochus Évergète, in-4. . . . . 2 fr.
— de Marie Visconti, in-4. . . . . 2 fr.
Cachets des médecins oculistes, in-4. . . . . 2 fr.

OLLENDORFF. — NOUVELLE MÉTHODE pour apprendre à lire, à écrire et à parler une langue en six mois.
Langue allemande, 14e édit., 2 vol. in-8. . . . . . . 10 fr.
— Clef de la méthode allemande, in-8. . . . . 5 fr.
— Déclinaison allemande déterminée, 10e éd., in-8. . . 2 fr.
Langue anglaise, 1 fort vol. in-8. . . . . 10 fr.
— Clef de la méthode anglaise, in-8. . . . . 5 fr.

ORBIS PICTUS, ou le Monde en tableaux, par REICHENBACH, en quatre langues : français, anglais, allemand et latin, avec 100 grav. sur acier représentant plus de 500 sujets; 3 vol. in-4, reliés en toile anglaise. . . . . 35 fr.

PERCEMENT DE L'ISTHME DE SUEZ, exposé et documents officiels, par M. F. DE LESSEPS, ministre plénipotentiaire; 1 v. in-8. . . . . 5 fr.
— Vue panoramique de l'isthme de Suez; in-plano. . 2 fr.

PETITS LIVRES DE M. LE CURÉ. Première série. — Histoire de France. — Promenades géographiques. — Fables de la Fontaine. — Ancien et Nouveau Testament. Chaque volume se vend séparément. . . . . 20 c.

POUR UNE ÉPINGLE, Légende par M. J. T. DE SAINT-GERMAIN; 1 vol. gr. in-18, cavalier avec vignette. . . . . 1 fr.

RAOUL ou **L'ÉNÉIDE,** par madame DE BAWR; 1 v. gr. in-18, jésus. . . . . 1 fr. 50 c.

RECHERCHES HISTORIQUES et géographiques sur les médailles des Nomes ou préfectures d'Egypte, par Tochon d'Annecy; 1 vol. in-4, avec fig.. . . . . 15 fr.

RECHERCHES HISTORIQUES et bibliographiques sur les Elzeviers, par de Reume; 1 vol. in-8, avec portrait et fac-simile. . . . . 4 fr.

RECHERCHES HISTORIQUES sur la principauté française de **MORÉE** et ses hautes baronnies. Première époque (1205-1333), par Buchon; 2 beaux v. gr. in-8, avec une carte. 12 fr.

NOUVELLES RECHERCHES historiques sur la principauté française de **MORÉE**. Deuxième époque (1333-1470). Affaiblissement et décadence, par le même; 2 beaux v. gr. in-8. 12 fr.

RICHE ET PAUVRE, par É. Souvestre. 2e édit., ornée de 16 grav.; 1 vol. gr. in-18, jésus. . . . . 1 fr. 50 c.

ROBERTINE, par madame de Bawr; 1 vol. grand in-18, jésus. . . . . 1 fr. 50 c.

ROMAN DE BRUT, par Robert Wace, avec un commentaire et des notes, par M. Leroux de Lincy; 2 beaux vol. in-8, avec vignettes et fac-simile. . . . . 15 fr.

ROSES (Les) peintes par J. Redouté, décrites et classées selon leur ordre naturel par Thory; 3 magnifiques vol. gr. in-8, ornés de 184 pl. et de 2 portraits, reliés en toile anglaise. 60 fr.

« Dans nos bois, sur la lisière de nos champs, la rose est une simple fleurette, aussi modeste que la pâquerette, aussi pâle que la fleur du fraisier; dans nos jardins, elle devient bourgeoise; puis, embellie par la culture, elle fait souche, elle est de noble race et se pare des grands noms de l'aristocratie. On pourrait, en suivant ses transformations, écrire le roman de la rose.

« Redouté a fait plus : il a réuni cette innombrable famille que les artistes, les décorateurs, les fleuristes mêmes ont toujours préférée et qu'ils ne se lassent pas de reproduire sous toutes ses formes et tous ses aspects. Il n'a pas plus oublié celle qui rampe dans les buissons que celle qui règne dans les jardins impériaux, et il a ainsi composé le poëme des roses.

« C'est un modèle de goût et d'élégance; c'est pour les amateurs des jardins un guide à consulter sans cesse, pour les artistes un portefeuille précieux, pour les dames qui s'occupent de peinture un délassement agréable, une source inépuisable d'études faciles et de plaisirs innocents et peu coûteux, c'est aussi le plus beau livre d'une bibliothèque. »

SOUVENIRS (Mes), par madame DE BAWR; 1 vol. grand in-18 jésus. . . . . 1 fr. 50 c.

SOUVENIRS DE CHASSE, par L. VIARDOT. 2ᵉ édition, augmentée de cinq nouveaux chapitres; 1 volume grand in-18, jésus. . . . . 2 fr.

STRUENSÉE, ou la Reine et le Favori, histoire danoise de 1769, par ARNOULD et FOURNIER; 1 vol. gr. in-18, jésus. . . . 2 fr.

TRAITÉ élémentaire d'**ASTRONOMIE**, ou Connaissance de la nature et des mouvements des corps célestes, par BAILLY DE MERLIEUX; 1 vol. in-24. . . . . 60 c.

ALBUM DE L'EXPOSITION UNIVERSELLE, publié par M. le baron L. BRISSE, avec le concours de MM. Dumas, Arlès-Dufour, Le Play, de Mercey, Michel Chevalier, etc. Tome 1ᵉʳ, orné d'un portrait sur acier et d'un grand nombre de gravures sur bois. 1 fort volume grand in-4°. . . . . 20 fr.

NOUVELLE CALLIGRAPHIE, par A. LESOURD, professeur. Ouvrage adopté par le conseil de l'instruction publique. Recueil de très-beaux modèles dans tous les genres; 1 vol. in-4°. . . . . 2 fr. 50 c.

Les planches se vendent séparément 15 centimes.

NOUVEAU LHOMOND (Le), grammaire française à l'usage des commençants, rédigée conformément au programme officiel, par M. CH. RUELLE, agrégé des classes de lettres; 1 vol. in-12, cartonné., ... 50 c.

NÉGOCIATEURS DE BORDEAUX (Les), épisodes et récits du temps de la Fronde, par M. Henry RIBADIEU; 1 vol. in-18. . . . . 1 fr. 25 c.

DANSES DES MORTS (Les), essai historique, philosophique et pittoresque, par E. H. LANGLOIS; 2 forts vol. grand in-8, papier fin, ornés de 54 planches et de nombreuses vignettes. 25 fr.

L'ANGLETERRE, LA CHINE ET L'INDE, par Don Sinibaldo DE MAS, ministre plénipotentiaire de la Reine d'Espagne, en Chine. 1 vol. in-8, avec carte et fac-simile.. . . 5 fr. 50 c.

LE CALICE, méditations d'une âme chrétienne sur les souffrances et la mort du Sauveur; préparation pour le temps pascal; prières pour toutes les circonstances de la vie. Traduit de l'allemand par madame ÉLISE VOÏART. Ouvrage approuvé par Mgr l'évêque de Nancy. Un vol. grand in-18. . . 1 fr.

— Relié en noir. 1 fr. 60

RUINES ET CHRONIQUES de l'abbaye d'Orval, esquisse morale, religieuse et chevaleresque de l'ancien comté de Chiny, par M. JEANTIN. Deuxième édition, revue et corrigée. 1 vol. grand in-8 avec figures. . . . . 6 fr.

L'ART D'ÊTRE MALHEUREUX, légende, par J. T. DE SAINT-GERMAIN, auteur de la légende de l'*Épingle*. 1 vol. grand in-18. . . . . 1 fr.

Le même, cartonné toile anglaise. . . . . 1 fr. 60

ALBUM DE L'HISTOIRE DE FRANCE, portraits des souverains gravés sur acier, précédé d'un Précis chronologique, par M. TH. TOUSSENEL. 1 vol. in-4. . . . . 3 fr. 50

JUGEMENTS, maximes et réminiscences, par M. MEZIÈRES. 1 vol. grand in-18 jésus. . . . . 3 fr. 50

ÉLIM, histoire d'un poëte russe, par M. P. NIBOYET. 1 vol. grand in-18 jésus. . . . . 1 fr. 50

LES ENFANTS D'ISRAEL, par M. P. NIBOYET. 4 vol. grand in-18. . . . . 6 fr.

NORMANDIE SOUTERRAINE, ou Notices sur des cimetières romains et francs explorés en Normandie, par l'abbé COCHET. 1 vol. grand in-8 de 450 pages. . . . . 7 fr. 50

SÉPULTURES GAULOISES, romaines, franques et normandes, faisant suite à la Normandie souterraine, par l'abbé COCHET. 1 vol. grand in-8 de 450 pages. . . . . . . 7 fr. 50

THÉORIE DU LANGAGE, exposé préliminaire, par M. JEANTIN. 1 vol. in-4. . . . . 3 fr. 50

GRAMMAIRE des commençants, divisée en trois parties (conjugaison, analyse grammaticale, orthographe de principes), avec exercices sur ces trois parties, par M. Clouzet aîné. 1 vol. in-12. Troisième édition. . . . . 1 fr.

GRAMMAIRE FRANÇAISE sur un plan entièrement nouveau, divisée en cinq parties (conjugaison, analyse grammaticale, analyse logique, orthographe des principes, orthologie), par M. Clouzet. 1 vol. in-12. Troisième édition. . . . 1 fr. 50

— **MODÈLES** des quatre conjugaisons et des différentes espèces de verbes; grand tableau synoptique. . . . . . 15 c.

— **TABLEAU** d'analyse grammaticale. 3 feuilles in-fol. 50 c.

— **PETIT TRAITÉ** des participes. In-32. Quatrième éd. 50 c.

— **PETITE ÉPREUVE** offerte à ceux qui croient savoir l'orthographe. In-8. . . . . 50 c.

JOURNAL D'ÉDUCATION physique, morale et intellectuelle, par Clouzet. Recueil divisé en deux parties : la première, destinée aux parents ou aux professeurs, sous le titre de *Pédagogie* (science de l'éducation) et *Didactique* (art d'enseigner); la deuxième, aux élèves des deux sexes, connaissances diverses, mélanges instructifs et amusants. Huitième année. Paraissant tous les mois en un cahier in-8 broché. Un an. . . . . 10 fr.

L'HARMONIE en exemples, ou Harmonie pratique des jeunes pianistes, recueil d'accords, de modulations, de progressions, de marches d'harmonie pour servir de préparation à l'étude de cette science, par P. A. Clouzet. Grand in-4. . . . 6 fr.

LA REINE DE L'ANDALOUSIE, souvenir d'un séjour à Séville, par M. Paulin Niboyet. 1 vol. grand in-18 jésus avec vignettes. . . . . 2 fr.

MIGNON, légende, par J. T. de Saint-Germain, auteur de la légende de l'*Épingle* et de l'*Art d'être malheureux*. — 1 vol. grand in-18. 1 fr.

LES STATIONS POÉTIQUES. Heures d'amour et de douleur, par Sébastien Rhéal. 1 vol. in-12. . . . . 1 fr.

EN VENTE CHEZ LE MÊME ÉDITEUR

PARIS. — IMP. SIMON RAÇON ET COMP., RUE D'ERFURTH, 1.

www.ingramcontent.com/pod-product-compliance
Ingram Content Group UK Ltd.
Pitfield, Milton Keynes, MK11 3LW, UK
UKHW022050260726
13993UKWH00001B/28